아르메니아
조지아
성지순례
핸드북

아르메니아 조지아 성지순례 핸드북

최은수 지음

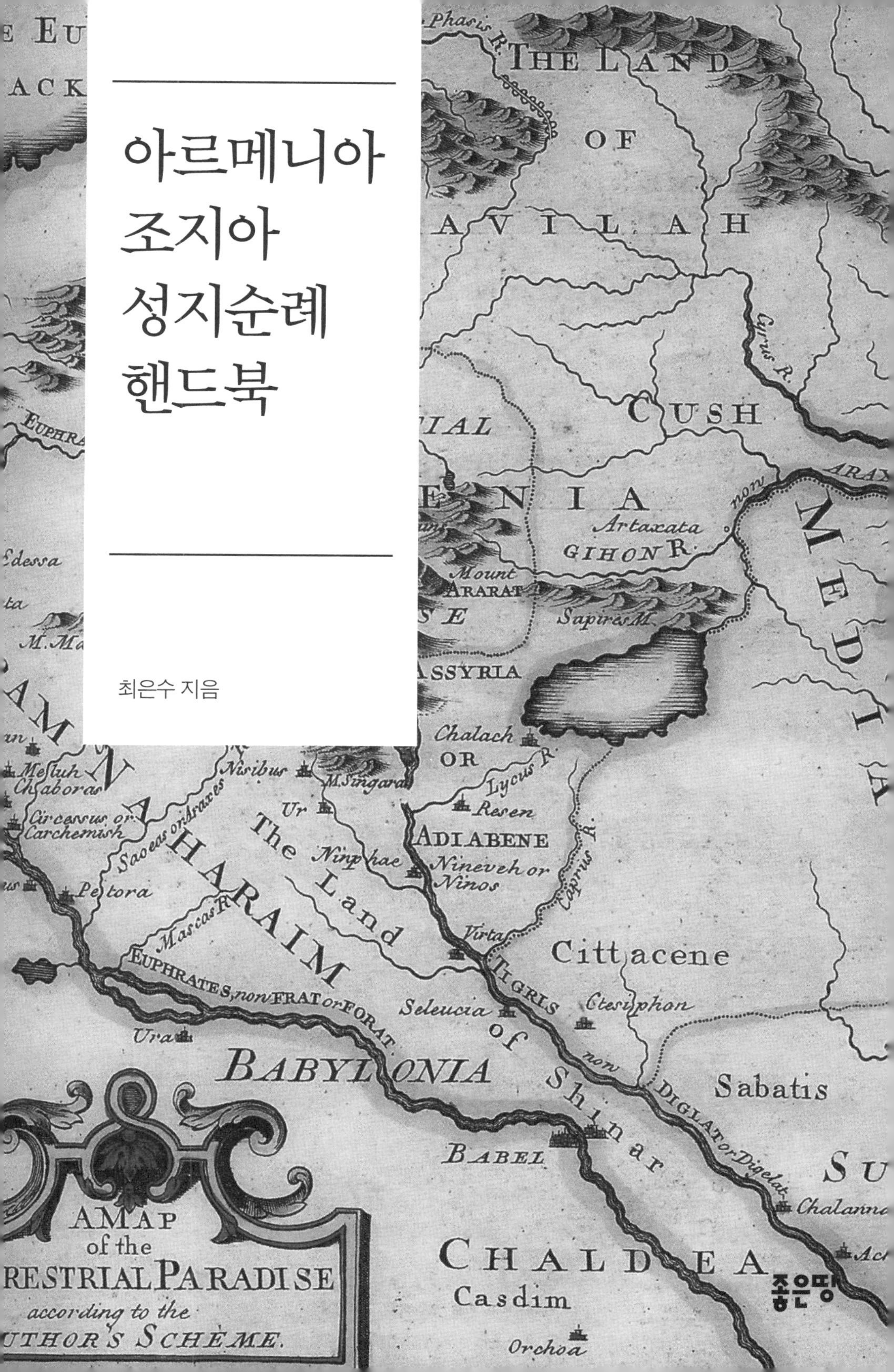

좋은땅

‖ 목차 ‖

서론

왜 아르메니아 조지아 성지순례를 가장 먼저 가야 하는가?

1. 아르메니아의 시각에서 역사적 에덴동산의 위치를 이해하며, 노아의 방주가 에덴동산의 근처인 아라랏산에 도착하였기 때문입니다. 창세기 1장에서 10장까지의 배경이 아르메니아 조지아이다.

2. 아담을 중심으로 하는 인류의 시작과 노아를 중심으로 하는 신인류의 시작이 모두 아르메니아의 땅에서 이루어졌고, 조지아를 비롯한 코카서스 지역이 중심이 되어 구속사의 큰 흐름이 형성되었다.

3. 이스라엘 12개 지파의 상당수가 북조 이스라엘과 남조 유다 왕국이 멸망하고 포로로 잡혀가는 과정을 통하여, 제국들의 멸망과 흥기의 혼란 속에서, 아르메니아 조지아 땅으로 이동하여 정착하였고 토착화되었다. 아르메니아 조지아 지역을 아스그나스 땅으로 불렀기 때문에, 여기서 토착화된 아스그나스 유대인과 아스그나스 기독교인이 코카서스 지역과 그 너머로 확장하여 유럽을 아스그나스라는 명칭으로 불리게 되었다.

4. 아르메니아의 수도인 바가르샤밧과 조지아의 수도인 므츠헤타에 유대인의 회당이 있었고, 야벳의 직계로서 자손 대대로 살아오던 사람들 중 일부도 유대인의 회당에 참여하여 구약에서 예언한 오실 메시야를 알게 되었고, 그 메시야를 대망하게 되었다.

5. 아르메니아와 조지아에 정착하여 토착화되었던 유대인들이 예수 그리스도의 십자가 사건과 오순절 성령 강림 사건을 목격하고 경험하였다.

6. 주님의 지상명령을 받들었던 사도들이 아르메니아와 조지아에 직접 복음을 전함으로 사도 직계 교회로서의 기초를 놓았고 복음이 힘차게 전파되었다. 주님의 십자가 사건과 오순절 성령 강림의 현장에 있었던 유대인들을 비롯하여, 사도들의 전도로 회당에 참여했던 유대인과 야벳의 직계 후손들이 복음을 듣고 가옥교회(House Church)를 설립하여 복음의 증인이 되었다.

7. 아르메니아와 조지아에서 조용하지만 강력하게 성장해 갔던 가옥교회의 성도들이 아르메니아의 조명자인 그레고리와 조지아의 여성 조명자인 니노를 도와서 아르메니아를 세계 최초의 기독교 국가로, 조지아를 세계 최초의 여성 조명자 국가이며 역사상 두 번째로 기독교 국가가 되는 과정에서 협력하였다.

8. '때가 차매' 하나님의 구속사적 경륜을 통하여 노아가 예언했던 '야벳은 셈의 장막에 거하고'라는 예언이 아르메니아와 조지아의 땅에서 성취되었다. 셈족인 이스라엘 12지파 중 상당수가 야벳의 후손인 아스그나스의 땅, 즉 아르메니아와 조지아에서 정착하여 토착화되었고, 이 두 국가뿐만 아니라 유럽에 흩어져 구속사의 흐름을 이어 갔다.

정통 아르메니아 조지아 성지순례

성지순례의 엄청난 지각 변동

필자가 지금까지 쓴 글들로 인하여 국내외적으로 큰 반향이 일고 있는 가운데 있다: '세계 최초의 기독교 국가를 가다'(아르메니아), '세계 최초의 여성 조명자 국가를 가다'(조지아), '실크로드의 거룩한 도성, 애니를 가다', '아르메니아 대학살의 현장을 가다', '아르메니아 조지아 성지순례의 실제', '아르메니아 조지아와 노아의 예언 1, 2', '아르메니아 조지아와 예레미야의 예언 1, 2, 3'. 이번에 필자가 직접 현장에서 순례팀과 함께 정통 아르메니아 조지아 일정을 소화하고 있는 이유도 제대로 정립된 사실에 근거하여 성경적, 역사적 현장들을 바르게 보기 위함이다.

(아르메니아 사도 교회의 총본산인 에치미아진 박물관에 소장 중인 에
덴동산의 지도)

아르메니아의 시각에서 보아야 한다

창세기 1장에서 시작된 하나님의 천지창조와 인간을 통한 운영은 구속사
의 큰 흐름 속에서 대단히 중요하다. 이제부터 아르메니아 조지아를 찾
는 순례자들은 역사적 에덴동산의 위치를 아르메니아에서 찾고 거기서

부터 창세기의 말씀을 이해해야 한다는 것이 현장에서 느끼는 필자의 확신이다. 창세기 6장 이하에 등장하는 대대적인 지각변동을 감안하더라도, 하나님의 신묘막측한 계획 속에서 역사적 에덴동산의 위치가 아르메니아라는 사실이 충분히 이해되고도 남는다. 창세기 1장 1절의 말씀과 함께 시작된 인류의 역사는 창세전에 모든 계획을 수립하셨고, 역사의 흐름 속에서 역동적으로 인류와 대화하시는 하나님과의 관계를 통하여 세밀하고 힘차게 진행되어 왔다. 인간의 타락 전에 하나님께서 생육하고 번성하라는 사명을 인류에게 주셨던 것과 마찬가지로, 신인류의 시작인 노아의 식구들을 통하여 동일한 말씀을 주셨다. 역사적인 에덴동산과 노아 방주의 도착 지점이 아르메니아에 있었기 때문에 그렇다. 이런 구도를 우연으로 보기에는 하나님의 역사하심이 너무나도 역동적이다. 이제 우리는 유대교적, 유대인의 시각에서 창세기의 시작과 진행을 볼 것이 아니라, 아르메니아의 시각에서 보아야 하나님의 구속사를 정확히 알 수 있다는 결론에 도달하였다. 아무리 전후좌우를 살펴보아도, 구속사의 초기 배경이 아르메니아라는 사실을 인정할 수밖에 없기 때문이다.

(아르메니아 코르 비랍에서 본 아라랏산, 여기서 조명자 그레고리가 13
년 동안 구금되었음)

아르메니아 조지아에서 성취된 노아의 예언에 주목해야 한다

노아는 창세기 9장을 통하여 '야벳은 셈의 장막에 거하고'라는 예언을 하
였다. 성경은 셈족을 중심으로 아브라함의 후손들을 통하여 하나님의 계
시와 구속사의 흐름을 형성하셨다. 하지만 이스라엘은 번번이 하나님의
기대를 저버리며 결국 역사의 심판을 받아 멸망하였다. 그렇게 흩어진
이스라엘의 다수가 '아스그나스의 땅', 즉 아르메니아 조지아에 정착하여
토착화된 후, '아스그나스 유대인'과 '아스그나스 기독교인'이 되어 유럽으
로 퍼져나가게 되었다. 잘 아는 대로, 아스그나스는 노아의 아들 야벳, 야
벳의 아들 고멜, 고멜의 맏아들이었다. 여호와 하나님을 믿는 이스라엘
이 아르메니아 조지아, 즉 아스그나스 땅으로 와서 회당을 중심으로 공동

체를 형성하여 왔다. 이미 노아의 예언이 아르메니아와 조지아에서 이루어지고 있었던 것이다. 이는 곧 아르메니아 조지아가 기독교 국가가 되는 결정적 배경이 되었다.

예수 그리스도의 복음과 교회의 탄생

기원전에 아스그나스의 땅, 즉 아르메니아 조지아에 정착하여 토착화된 다수의 이스라엘은 '때가 차매'를 오매불망 기다리며 자신들만의 공동체를 이루고 오실 메시야를 고대하고 있었다. 그런 회당에 많은 수의 이방인들도 참여하게 됨으로 혁명적인 복음 전파의 기초를 놓았다. 아르메니아 조지아에서 토착화되어 살고 있었던 이스라엘 사람들이 유대교의 명절을 맞이하여 예루살렘을 방문하는 과정에서 예수님의 십자가 사건과 오순절 성령 강림 사건을 목도했거나 체험하였다. 아르메니아 조지아에 있던 유대인들에게 이런 변화의 역사들은 큰 도전이 아닐 수 없었다. 주님의 지상명령을 받들었던 사도들이 아르메니아 조지아로 왔고, 무명의 전도자들도 수고를 아끼지 않음으로 복음을 듣고 회심한 유대인들과, 야벳의 직계로 이루어진 현지인들도 다수가 복음을 받았다. 회심한 그들은 아르메니아의 수도인 바가르샤팟과 조지아의 중심지인 므츠헤타에 가옥 교회를 설립하였다. 조지아와 아르메니아에 복음을 전했던 사도들이 순교를 당한 이후, 복음의 역사가 주춤한 듯 보였으나, 하나님의 구속사적 큰 흐름은 이미 대세가 되어 흐르고 있었다. 시간이 지나면서 가옥교회들을 중심으로 조용한 복음의 역사가 일어나고 있었고, '때가 차매'를 기다리며 하나님의 큰 역사가 아르메니아와 조지아에서 준비되고 있었다.

가옥교회 성도들이 아르메니아 조지아의 조명자들을 돕다

아르메니아의 조명자인 그레고리는 신앙적, 정치적 이유로 코르 비랍(깊은 굴)에 13년 동안 갇혀 지냈다. 아르메니아 가옥교회 성도였던 한 과부의 헌신으로 조명자 그레고리는 굶어 죽지 않았고 생명을 보존할 수 있었다. 역시 '때가 차매' 아르메니아의 왕이 중병에 걸렸고, 왕실 공주의 강청으로 조명자 그레고리가 풀려나서 왕의 병을 치유함으로 세계 최초의 기독교 국가가 될 모든 준비를 마쳤다. 이것은 아르메니아 왕실에까지 기독교가 전파되어 있었다는 것을 말한다. 주후 300년경 가야네 여성 공동체가 아르메니아 왕의 박해를 받고 처참하게 순교하였는데, 여성 공동체의 리더인 가야네의 배려로 니노 홀로 생존하여 조지아의 조명자가 되었다. 니노가 조지아의 중심지인 므츠헤타에 포도나무 십자가를 들고 왔을 때, 므츠헤타에서 신앙을 지켜 오고 있었던 가옥교회의 성도들이 니노를 극진하게 환영하였다. 하나님의 역사에는 우연이 없다. 모든 것이 정확하게 맞아 떨어진다. '때가 차매' 조명자 니노의 헌신으로 조지아는 세계 최초의 여성 조명자 국가요, 세계에서 두 번째로 기독교 국가가 되는 쾌거를 이루었다. 하나님의 역사는 점진적인 과정과 준비를 통하여 시의적절하게 아르메니아와 조지아에서 구현되었다. 역사적 에덴동산, 노아 방주의 도착, 홍수 후 신인류의 번성, 멸망한 남북 왕조에 속했던 이스라엘 사람들의 이동, 복음의 전파와 교회의 설립, 가옥교회 성도들과 조명자들의 협력 등이 하나의 옥구슬처럼 연결되어 아르메니아는 세계 최초의 기독교 국가가 되었고, 조지아는 세계 최초의 여성 조명자 국가로 우뚝 섰다. 이런 사실은 잘 짜인 하나님의 계획이었으며 섭리였다.

이제 유대교의 시각에서 벗어나야 한다

현재 한국 교회를 비롯한 전 세계 개신교회들은 노아의 예언대로 '야벳은 셈의 장막에 거하고'가 성취되면서 16세기 종교개혁의 후예로 살아가며 신앙생활을 하고 있는 중이다. 셈족인 이스라엘이 야벳의 직계인 아스그나스의 땅에 들어와 토착화되었고, 기독교 복음이 전파되기 시작하면서 예수 믿는 유대인을 중심으로 복음 전파의 한 획을 그었다. 실로 초원의 불길처럼 기독교 복음의 전파 속도는 아무도 막아설 수 없었다. 복음을 받아들인 유대인, 즉 이스라엘 후손들의 공로를 인정하면서도, 더 폭넓게 복음을 받아들이며 유럽 전역을 기독교화했던 아스그나스, 즉 아르메니아 조지아의 공로는 실로 지대하였다. 노아의 예언이 아르메니아 조지아에서 성취되지 않았다면, 하나님의 구속 역사는 어디로 흘러갔을지 도무지 감이 잡히지 않는다. 예수 그리스도의 배경인 이스라엘도 물론 중요하다. 하지만 하나님이 만드신 역사의 시작점, 즉 알파 포인트를 이스라엘과 예루살렘으로 보는 것은 성경적이 아니며 역사적이지도 않다. 이제 순환론적 직선사관으로 대표되는 기독교 역사관에 근거한 알파 포인트, 즉 구속사의 시작과 초기 단계는 아르메니아인 것이다. 이를 근거로 진행된 창세기 1장 이후의 에덴동산, 노아의 방주, 열국의 번성은 참으로 성경적이며 역사적이다. 창세기 1장부터 10장까지 아르메니아 조지아가 구속사의 시작점이 되었고, 이를 토대로 창세기 11장부터 셈의 후예인 아브라함이 등장하는 것이다. 이렇게 발전한 이스라엘이 역사의 소용돌이 속에서 아르메니아 조지아로 흘러들어 토착화된 후 아스그나스 유대인과 아스그나스 기독교인이 되어 유럽으로 퍼져 나갔다.

아르메니아가 원조고, 유대인은 제2의 아르메니아인

이 글을 읽는 목회자와 성도들은 이제부터 유대교 관련 시각에서 벗어나야 하고, 유대교 경전을 인용하지 말아야 한다. 유대교 경전 가운데 목회자들이 가장 많이 애용하는 것이 탈무드인데, 이것이 얼마나 비복음적인지 분명히 알고 더 이상 거론하지 않아야 한다. 유대인이 선민이라고 할 수 있는 하등의 근거도 없고, 현재 예수를 믿지 않는 모든 이들은 단순히 미전도종족일 뿐이다. 많은 사람들이 아르메니아를 가리켜 제2의 유대인이라고 불러 오고 있는데, 이 말도 잘못되었다. 아르메니아가 훨씬 먼저이기 때문에 유대인을 제2의 아르메니아라고 불러야 정상이다. 이런 구속사의 흐름 속에서, 아르메니아는 세계 최초의 기독교 국가가 되었고, 조지아도 세계에서 두 번째로 기독교 국가가 되었던 것이다. 하나님의 역사는 신묘막측이라고밖에 달리 표현할 말이 없다.

이제 성지순례는 아르메니아와 조지아에서 시작하고 마쳐야

아르메니아와 관련하여, 에덴동산과 노아의 방주는 매우 유사한 패턴을 가진다. 창세기의 시작은 아르메니아에서 시작하여 조지아를 포함하면서 더 넓은 지역으로 확장된다. 노아의 직계가 주를 이루었던 아르메니아 조지아는 노아의 예언이 성취되는 시점, 즉 '때가 차매'를 기다리며 발전하여 왔다. 이런 흐름을 정확히 파악하고 아르메니아 조지아 성지순례에 임해야 한다. 창세기 1장부터 시작된 구속사의 물줄기는 아르메니아와 조지아를 빼고는 설명할 수가 없다. 성경의 여기저기에 숨겨져 있는 아르메니아 조지아 관련 말씀들도 잊지 않아야 한다. 우리는 더 이상 선민이라고 자처하는 유대교적 시각에서 성경을 보면 곤란하고, 아르메니아와 조지아의 시각에서 창세기 초반부의 말씀(창세기 1장에서 10장)을 이해해야 한다.

조지아의 핵심 성지

므츠헤타의 스베츠호벨리 대교회, 삼타브로 교회, 가옥교회를 구성했던 유대인 무덤, 니노의 포도나무 십자가, 니노의 블랙베리 부쉬(The Blackberry Bush), 니노가 처음으로 복음을 전했던 곳에 지어진 채플, 보드베 수도원, 니노의 샘물, 트빌리시 순교자의 다리, 아보 순교자, 기타 지역.

아르메니아의 핵심 성지

아라랏산, 코르 비랍, 게하르드 수도원, 바가르샤밧, 에치미아진, 가야네 교회, 흐릅시매 교회, 아라갓산, 앰버드 요새, 바라마센 교회, 마테나다란, 박물관, 츠바르놋츠 교회, 국립박물관, 아르메니아 대학살 추모 공원, 공사 중인 에치미야진 대교회, 에치미아진 박물관, 알라베르드 지역의 수도원 구역과 교회.

아르메니아 조지아 성지순례는 선택이 아니다

에덴동산, 노아의 방주, 열국의 탄생 및 흩어짐, 구약 성경의 구속사적 전개, 가옥교회의 탄생과 발전, 가옥교회와 조명자들의 협력, 세계 최초의 기독교 국가, 세계 최초의 여성 조명자 국가 등만으로도 아르메니아 조지아 성지 순례는 선택이 아니라 반드시 순례해야 하는 당위성을 가진다. 이 글을 쓰는 지금도 다양한 형태의 여행팀들이 코카서스로 들어오고 있으며 지속적으로 큰 무리의 사람들이 오게 될 것이다. 향후 필자가 제시한 사실들을 분명히 숙지하고 아르메니아 조지아 성지 순례에 나서게 되는 기독교인들이 점점 더 많아질 것이다. 이를 위해 필자는 더 구체적인 정보와 알기 쉬운 안내를 제공하여 순례자들이 성경적으로 역사적으로 올바른 진리를 터득하도록 도울 것이다.

아르메니아 조지아 성지순례의 중요성 1

성지순례의 새로운 패턴

성경과 역사에 근거한 성지순례, 즉 역사 현장 탐방은 주로 이스라엘과 주변, 사도 바울의 선교지, 그리고 16세기 종교개혁의 현장들을 찾아가는 것으로 이루어져 왔다. 필자가 지금까지 네 개의 시리즈를 통하여 서술한 대로 이제는 성지순례의 패턴이 바뀌어야 하고, 실제로 변화의 모습들이 나타나고 있는 중이다. ('세계 최초의 기독교 국가를 가다', '세계 최초의 여성 조명자 국가를 가다', '코카서스의 예루살렘, 애니', 그리고 '아르메니아 대학살의 현장을 가다') 객관적으로 놓고 볼 때, 이스라엘과 주변 지역을 망라하더라도 이스라엘 성지순례는 창세기 11장 후반부터 등장하는 아브라함 이후의 배경이 주를 이룬다.

아브라함 이전의 이야기를 간직하고 있는 아르메니아와 조지아가 있는데도 불구하고 왜 지금까지 이스라엘이 주요 방문지가 되었을까? 가장 큰 이유는 예수 그리스도의 배경이기 때문일 것이다. 이 사실을 부인할 사람은 없다. 하지만, 면밀히 들여다보면, 이스라엘의 선민의식이 적지 않게 작용하여 왔고, 아직도 선민이라는 자부심으로 살아가고 있는 유대인들의 교육과 그들의 성공적인 결과들이 과대포장된 결과이기도 하다. 필자가 다양한 경로로 거듭 강조하여 왔던 대로 예수 그리스도를 믿지 않는 대부분의 유대인들은 단순히 미전도종족일 뿐이라는 사실에 주목해야 한다. 예수님을 믿지 않는 유대인들이 보여 온 태도들, 즉 '눈에는 눈이에는 이'라는 보복 사상과 선민사상에 젖은 유대인 이외의 인종이나 민족에 대한 그들의 배타적인 자세와 이기적인 모습들은 분명 복음의 정신과 한참이나 동떨어져 있음이다. 그래서 우리는 아르메니아 조지아 중심의 새로운 성지순례 패턴에 주목해야 한다는 것이다.

필자는 성경의 현장을 찾아가는 아르메니아 조지아 성지순례와 교회 역사의 현장을 찾아가는 순례 등 성경과 역사적인 견지에서 그 중요성을 강조코자 한다. 필자의 의도는 이 두 성지를 찾아가는 순례자들이 피상적이거나 단편적이지 않고 제대로 된 사실들을 직시하는 가운데 생명의 현장에서 유무형의 큰 유익을 얻도록 함에 있다.

성경의 현장을 찾아가는 아르메니아 조지아 성지순례

인류의 역사는 '시간'(Time)과 '공간'(Space or Place)이 만나는 시점과 상황으로 구성된다. 창세기 1장 1절은 역사의 시작을 알리는 중요한 구절이다: '태초에 하나님이 천지를 창조하시니라'. 여기 '태초'라는 시간과 '천지'라는 공간이 만나서 인류의 역사가 시작되었던 것이다. 하나님은 여기서 그치지 않고 역사의 한복판에 하나님의 형상을 가진 인간들을 두셨다. 아르메니아 조지아는 태초와 천지가 만나는 여기에서부터 역사의 무대가 되었다.

첫째로, 창세기 1장 후반부와 2장에 등장하는 인간의 창조와 에덴동산이 역사적으로 존재했다고 믿어지는 유력한 곳이 아르메니아다. 여전히 논란이 있다는 사실을 모르는 바 아니다. 하지만 역사적으로 에덴동산으로부터 발원한 네 개의 강들이 있었던 곳도 아르메니아 땅이라는 사실도 부인하기 어렵다. 에덴동산에서 발원한 네 개의 강들은 비손, 기혼, 힛데겔(트그리스), 그리고 유브라데스다. 특히 노아의 홍수를 거치면서 엄청난 지각변동이 있었다고 하더라도 최근에 과학적으로 드러나고 있는 사실들은 에덴동산이 아르메니아에 위치했었다는 주장에 힘을 실어 주고 있다. 여러 가지 에덴동산의 위치에 대한 논란 때문에 최소한으로 생각한다고 해도, 역사적으로 아르메니아인들이 견지해 오고 있는 신앙적 자존심은 실로 대단한 것이다.

둘째로, 창세기 3장의 타락 사건 이후 인류가 번창하고 창세기 6장부터 시작되는 노아의 방주와 대홍수, 그리고 방주의 아라랏산 도착과 신인류의 시작이 아르메니아와 조지아라는 사실이다. 노아의 방주가 도착했던 아라랏산은 역사적으로 아르메니아의 영산이자 민족적 자긍심으로 자리매김해 오고 있는 중이다. 아르메니아와 아라랏이 교차적으로 사용되어 오고 있다는 사실만으로도 이 불가불리의 관계를 쉽게 알 수 있다. 노아의 식구들은 아르메니아의 수도였던 바가르샤팟, 즉 현재 영적인 수도인 에치미아진에서 포도농사를 지으며 살았다고 전해진다. 노아만 놓고 볼때, 그가 홍수 이후에 350년을 더 살았기 때문에 바가르샤팟 외에도 살았을 가능성은 얼마든지 있다. 지금의 아제르바이잔과 아르메니아 접경 지역(고대에는 모두 아르메니아 영토)에서 노아의 무덤으로 추정되는 고고학적 발굴이 있었다는 사실이 이를 증명한다. 아르메니아와 조지아 모두 창세기 10장에 언급된 노아의 자손들로부터 자신의 민족이 기원한다고 인식한다. 즉, 신인류의 역사적 무대이자 주인공이 자신들이라고 생각한다는 말이다.

셋째로, 아르메니아와 조지아 역사에서 가장 전성기를 구가했던 중세시대의 바그라티드 왕조가 다윗 왕의 직계라고 인식한다는 점이다. 아르메니아와 조지아 역사에 모두 등장하는 바그라티드 왕조는 '하나님이 지명하여 부른 사람들'이라는 말뜻을 가지고 있는 대로 한 시대를 풍미하며 큰 족적을 남겼으며 현존하는 역사 유적의 대부분이 그들의 치적일 정도다.

넷째로, 아르메니아의 조상이 노아의 직계 후손인 '하익'(Hayk)인데 이사야와 예레미야 등이 언급한 벨(Bel)을 굴복시키고 바벨론 지역을 떠나서 역사적인 아르메니아 고원지대, 즉 지금의 동부 아나톨리아 주변 지역에 정착했다는 것이다. (이사야 46장 1절과 예레미야 50장 44절)

다섯째로, 구약 성경의 여러 곳에서 아르메니아와 아라랏을 동일시하는 표현들이 등장한다는 점이다(열왕기하 19장 37절과 예레미야 51장 27절). 이 당시에는 우라투(아라랏의 다른 명칭) 왕국이 아르메니아 고원지대와 인근 지역에 폭넓게 자리하면서 막강한 영향력을 끼치고 있었기 때문에 실제 역사에 근거한 성경에 아르메니아가 등장한다고 해서 이상할 것이 전혀 없음이다. 구약 성경 에스더서의 배경이자 그녀의 남편인 아하수에로 왕이 우라투 왕국의 수도였던 반(Van) 성채의 암벽에 그의 부친과 자신의 위대함을 새겨 넣은 암벽 기록이 아직도 보존되고 있다.

여섯째로, 예수님의 십자가 달리심 목격, 오순절 성령 강림의 체험, 그리고 12사도들의 직접적인 선교가 아르메니아와 조지아 사람들과 그 현장에서 이루어졌다. 조지아계 유대인인 엘리야가 예루살렘을 방문했을 당시 주님의 십자가 달리심을 목격하였고 로마 병정에게 돈을 주고 주님의 옷을 사서 조지아로 왔다. 그의 누이인 시도니아가 주님의 옷을 입자마자 즉사하였고 엘리야는 그 옷을 입은 채로 누이를 매장하였다. 그 무덤에서 거대한 삼나무가 자랐고 조지아의 조명자인 니노가 그 나무를 베라고 지시하였다. 그 자리에서 신령한 생수가 나와서 수많은 사람들을 치료하는 역사가 일어났다. 그런 역사의 자리에 스베츠호벨리(생명을 주는 기둥이라는 뜻) 대교회가 지어졌다.

오순절 성령 강림의 체험과 관련하여, 사도행전 2장 9절에 '우리는 바대인과 메대인과 엘람인과 또 메소포타미아, 유대와 가바도기아, 본도와 아시아' 등의 지명이 등장한다. 이상의 지역들 대부분이 대아르메니아와 소아르메니아(Greater Armenia and Lesser Armenia) 지역들과 겹친다. 그러므로 이 당시 적지 않은 사람들이 오순절 성령 강림의 현장에서 직접 그 역사를 체험했거나 목도했다는 말이다.

복음서와 사도행전에서 맛디아를 포함하여 언급된 사도들이 아르메니아와 조지아에 직접 복음을 전파하여 생명의 씨앗을 뿌렸다. 물론 사도들이 이 두 국가에 모두 복음을 전했을 가능성이 크지만, 대체적으로 아르메니아는 바돌로메 사도와 유다 다대오 사도가, 조지아는 안드레 사도, 맛디아 사도, 그리고 시몬 사도가 큰 족적을 남겼다.

아르메니아 조지아 성지순례의 중요성 2

아르메니아 조지아 성지순례의 중요성 1편에서 필자가 다루지 못했던 내용들이 있어서 먼저 다루고 다음 이야기를 나누고자 한다. 조지아에 예수님의 옷을 가지고 왔던 엘리야도 유대인이고, 아르메니아 조지아 역사에서 양국에 황금기를 가져왔던 중세시대 바그라티드 왕가도 다윗 왕의 직계라는 점을 언급한 바 있다. 아울러 오순절 성령 강림 역사의 현장에도 적지 않은 조지아 아르메니아 사람들이 있었을 가능성이 대단히 높다. 물론 조지아 아르메니아가 노아의 직계이자 신인류의 무대였기 때문에 영적인 잠재력만으로 보아도, 유대인이고 아니고를 떠나서, 충분히 설명은 가능하다.

하지만, 보다 구체적으로, 조지아 아르메니아에서 토착화되어 살아왔던 유대인들에 대하여 주목하는 것도 빼놓을 수 없는 대목이다. 최근까지 연구된 바에 의하면 그 이유는 세 가지다.
첫째로, 이스라엘의 북왕조가 앗수르(앗시리아) 제국에게 주전 722년(B.C.722)에 멸망한 후 북왕조를 구성하였던 열 개의 부족들이 역사에서 사라졌다는 점이다. 그들은 앗시리아 제국에 의해 강제로 고향을 떠나게 되었고, 앗시라아가 주전 609년(B.C.609)에 신생 바벨로니아 제국에 의해 멸망당하는 혼란의 와중에 아르메니아 하이랜드, 조지아, 그리고 코카서스 지역으로 이주하게 되었다는 사실이다.

둘째로, 남조 유다 왕국이 주전 586년(B.C.586)에 신생 바벨로니아 제국의 느브갓네살 2세에 의해 멸망하였고, 수많은 남왕국의 유대인들이 포로생활을 하게 되었다. 주전 539년(B.C.539)에 강력했던 신생 바벨로니아 제국이 건국 후 한 세기도 채우지 못하고 페르시아 제국의 고레스(사이러스)에 의해 패망하였다. 이런 혼란의 와중에 이스라엘 남왕국의 유대인들도 다수가 조지아와 아르메니아로 이동하였다.

셋째로, 역사의 소용돌이 속에서, 이스라엘의 남과 북 왕조 출신의 유대인들이 조지아와 아르메니아로 이주하여 토착화되었다. 이는 에덴동산과 노아 방주의 배경이 되었던 창세기 11장까지의 역사를 간직하며 살아오고 있었던 사람들과 더불어, 아브라함 이후인 창세기 12장 이후의 역사 가운데서 생존했던 유대인들이 절묘하게 뒤섞이게 되는 결과를 낳았던 것이다. 조지아와 아르메니아에서 목격되었던, 이러한 조화가 향후 전개될 양국의 교회 역사에서 타의 추종을 불허하는 풍성한 결과들을 도출한 것은 결코 우연이 아니었다.

교회 역사의 현장을 찾아가는 조지아 아르메니아 성지순례

이상과 같은 성경과 역사의 맥락 속에서, 조지아 아르메니아 성지순례의 교회사적 중요성은 다음과 같다.

첫째로, 아르메니아 조지아는 사도 직계 교회(Apostolic Church)로서 여타의 동방교회 또는 동방정교회와 구별된다. 천주교 즉 로마 가톨릭 교회와도 여지없이 전혀 다른 전통을 가진다. 그렇기 때문에, 1) 아르메니아 사도 교회(Armenian Apostolic Church)와 조지아 사도 교회(Georgian Apostolic Church)라고 부르는 것이 정통이다. 앞서 언급한 대로, 성경적 배경을 가진 독특한 흐름 속에서 사도들이 직접 양국을 두루 다니면서 교회의 기초를 놓았다. 2) 양국의 사도 교회는 천주교와 전통이 완전히 다르기 때문에 용어 사용에도 구별을 분명히 함이 좋겠다. 일반적으로 한국인들에게 '성당'은 천주교를 떠올린다. 조지아 아르메니아 교회들을 부를 때는 '교회' 또는 '대교회'(Cathedral)라고 불러서 구분하는 것이 좋겠다. 조지아 아르메니아 교회는 엄격히 말해서 동방 정교회와도 차별성을 가지고 있으며 천주교와는 더욱더 다르기 때문이다. 3) 아르메니아 조지아 사도 교회뿐만 아니라 동방교회 전체는 16세기 종교개혁과는 전혀 무관하다. 이들 지역에서는 16세기 종교개혁 자체가 없었기 때문이다. 현재 한국 교회의 뿌리가 되는 16세기 종교개혁은 천주교 즉 로마 가톨릭 교회와의 연관성 속에서 개혁의 주체가 되어 탄생한 전통이다. 그러므로 조지아 아르메니아 사도 교회는 매우 특별하고 독특한 신앙 공동체인 것이다.

둘째로, 아르메니아와 조지아가 역사상 첫 번째와 두 번째로 기독교를 국교로 선포하였는데, 특별히 조지아는 세계 최초이자 전무후무하게 여성 조명자에 의해 대역사가 이루어졌고, 더군다나 수많은 여성들이 알려진 인물도 있지만 거의 대부분 이름도 없이 빛도 없이 희생하고 헌신하여 기독교 국가가 되는 과정에서 크게 기여를 했다는 사실이다. 간혹 북아프리카의 에티오피아가 조지아보다 먼저 기독교 국가(왕국)가 되었다고 하는 경우가 있는데 이는 엄연히 잘못된 정보이다. 아르메니아는 조명자 그레고리에 의해 301년에, 조지아는 여성 조명자 니노에 의해 326년에 기독교 국가가 되었다. 특히 로마 제국이 313년에 박해를 종식시키고자 서방의 황제인 콘스탄틴과 동방의 황제인 니시니우스가 합의한 밀란 칙령을 국교로 선포한 것이라고 잘못 이해하는 경우도 적지 않다. 이것은 전혀 사실이 아니고, 심지어 동방의 황제인 니시니우스는 밀란 칙령의 합의를 깨고 기독교에 대하여 박해를 지속하였다.

교회 즉 에클레시아는 시작부터 어머니 교회로서의 면모를 여실히 드러내며 수많은 여성 헌신자들의 수고와 희생을 토대로 성장해 왔다. 세계 최초의 기독교 국가인 아르메니아도 수많은 여성들이 교회의 밑거름이 되었다: 여성 신앙 공동체의 지도자였던 가야네, 그 구성원이자 황족이며 신앙의 절개를 지켰던 흐립시매, 코스로비듀크트 공주, 조명자 그레고리를 대피시켰던 무명의 두 여인, 조명자 그레고리가 갇혀 지냈던 코르비랍에 음식을 제공했던 무명의 여인, 그리고 가야네 여성 공동체에 속한 30여 명의 순교자들. 조지아의 여성 조명자인 니노는 가야네 공동체의 일원으로서 순교자의 반열에 오를 수도 있었으나, 그녀가 가진 비전을 존중하고 후원한 지도자의 탁월한 배려로 니노는 한 국가의 조명자가 되어 기독교 국가를 탄생시켰다. 당시 미리안 왕의 왕비였던 나나도 니노를 도와서 이런 엄청난 과업을 이룩하는 데 큰 힘을 보탰다. 나나는 므츠헤타의 삼타브로 교회에 남편과 함께 안장되어 거국적인 존경의 대상이 되고 있다.

셋째로, 아르메니아는 기독교를 국교로 선포한 이후 주후 404년경에 메스롭 마쉬톳츠의 주도로, 조지아도 비슷한 시기에 자국에 맞는 고유의 문자를 갖게 되었고, 자신들의 언어를 사용하여 신앙을 고백하며 기록으로 남겼다는 점이다. 한글이 주후 1443년에 창제되었으니 약 천 년이나 앞서서 이들은 고유의 문자를 소유하였던 것이다. 중세 천주교 즉 로마 가톨릭 교회가 예배에서 라틴어만을 고집하다가 유럽 민족주의의 발호로 16세기 종교개혁이라는 도전을 받는 과정에서 종교개혁에 성공한 나라들은 각자의 언어로 예배를 드리게 되었다. 16세기 종교개혁을 기준으로 해도 조지아 아르메니아는 약 천 년이나 앞서서 자신들의 언어로 예배도 드리고 각종 서적들을 편찬했음이다. 성경이 히브리어와 그리스어(헬라어)로 기록되어서 각 나라의 일반 기독교인들이 원문으로 성경을 읽기는 사실상 불가능에 가까웠기 때문에 대중들의 언어로 성경을 읽고 신앙생활을 한다는 것이 얼마나 큰 유익이었겠는가!

넷째로, 조지아 아르메니아 교회들은 기독교를 국교로 선포한 직후부터 교회를 중심으로 하는 교육을 통하여 신앙적 민족주의에 기반을 둔 정체성 확립에 심혈을 기울였다. 아르메니아의 조명자 그레고리나 조지아의 조명자 니노 모두 교육의 중요성을 간파하여 이교적인 요소들을 속전속결로 혁파하고 교육을 통하여 기독교 신앙의 함양과 민족의식을 고취시켰다. 그 조명자들은 대중들의 삶 속에 녹아들지 않는 기독교 신앙이 얼마나 무의미한 것인가를 잘 알고 있었기에 그렇다. 그들의 이런 생각은 역사의 소용돌이 속에서 빛을 발하며 민족 신앙의 정체성을 더욱 공고하게 확립시켰다.

다섯째로, 조지아 아르메니아가 처했던 지정학적 위치가 이슬람 제국들과 기독교 제국들의 완충지대에 있었기 때문에, 침략, 압력, 내정간섭, 그리고 불합리한 요구 등으로 수시로 위기를 맞이했지만, 흔들릴지얼정 뿌리가 뽑히지 않았고, 정복당할지라도 굴복하지 않는 신앙의 강인함을 견지하였다. 영국 스코틀랜드 출신의 천재 신약학자인 브루스(F.F. Bruce) 교수가 말한 대로 그들도 '초원의 불길처럼 타오르는 역사'를 몸소 체득하였던 것이다. 아무리 짓누르고 억압하고 박해를 가해도 그들의 신앙적 지조와 민족정신을 말살할 수는 없었다.

여섯째로, 아르메니아 조지아 기독교로부터 영향을 받은 이슬람 신자들 가운데서 기독교로 개종한 사람들이 적지 않으며 이들 중에는 공식적인 순교자 반열에 오른 인물들도 있다는 사실이다. 역사적으로 환난이 많았던 조지아 아르메니아 기독교는 자국민들이 집단으로 포로가 되어 이슬람권으로 잡혀가는 것을 심심치 않게 목도하였다. 그런 와중에서 양국의 교회들은 비인간적으로 대우를 받으며 종처럼 학대를 받았던 기독교인들이 이슬람의 심장부에서 신앙을 지키며 더 나아가 큰 영향력을 끼치는 모습 또한 증거하고 있다. 트빌리시 순교자의 다리에서 100,000명 이상이 처참하게 난도질을 당했지만 고상한 신앙을 포기하지 않았다. 현재 이란의 영토에서 명멸해 갔던 이슬람 제국들에 의해서 포로로 잡혀갔던 양국의 기독교인들이 이란의 기독교 역사를 이어 가리라고 어느 누가 상상이나 했겠는가!

일곱째로, 중세시대 1001개의 교회를 건설하여 실크로드의 거룩한 도성이자 동방의 예루살렘인 애니(Ani)를 천하의 중심으로 만들었던 바그라티드 왕조의 희생과 헌신을 절대로 빼놓을 수 없다. 조지아 아르메니아 양국에 걸쳐 중세 황금기를 이끌었던 바그라티드 왕조의 사람들은 아라랏산이 하나님 임재의 상징이었듯이 그들도 하늘이 내린 인물들이었음에 틀림이 없다. 필자가 이 왕조의 사람들과 그들이 이룬 업적들을 알면 알수록 고개가 저절로 숙여지고 존경심이 마음 깊숙한 곳으로부터 진정성 있게 우러나오는 것을 제어할 수 없을 정도다. 이외에도 조지아 아르메니아 성지순례의 중요성을 설파할 요인들은 차고 넘친다.

역사와
성지순례 현장
-아르메니아

세계 최초의 기독교 국가를 가다 1

노아의 방주가 멈추었던 아라랏산을 배경으로 펼쳐진 산과 들, 노아의 포도재배로 포도주 생산에 있어서는 가장 긴 역사를 자랑하는 곳, 바돌로매(나다나엘)와 다대오 등의 사도들이 순교로 교회의 토대를 닦은 땅, 그리고 세계에서 가장 먼저 기독교를 국교로 선포한 나라, 바로 아르메니아(Armenia)이다. 현재는 주변국들에 둘러싸여 치이고 밟히고 쪼그라든 모습이다. 2020년에는 아르메니아인들이 다수를 차지하는 나고르노-카라바흐(Nagorno-Karabakh) 지역을 두고 아제르바이잔과 아르메니아가 전쟁을 벌였고, 국제법상 아제르바이잔 영토인 이곳을 27년 여간 통치해 왔던 아르메니아가 항복함으로써 분쟁이 일단락된 듯한 상황이다. 하지만 이 문제로 아르메니아 내부에서는 패전의 책임을 두고 긴장이 고조되고 있으며 국경지역에서는 간헐적으로 국지전도 발생하고 있다.

역사적으로, 고난과 역경을 감내하며 민족적 신앙적 정체성을 확고하게 견지하고 있는 나라답게 아르메니아 사람들의 자부심은 성산이자 영산으로 불리는 아라랏산(큰 산 5,137미터, 작은 산 3,896미터) 만큼이나 높고 위대하다. 세계 교회사에서 아르메니아는 두 가지 '최초'의 기록을 가지고 있다. 하나는 최초의 기독교 국가인 점이고, 다른 하나는 최초의 카세드럴(Cathedral, 즉 국교의 대표자나 특정 지역을 관할하는 성직자가 주재하는 대교회)을 자랑하고 있기 때문이다.

필자가 거의 매년 코카서스 지역을 방문하면서도 일정에 쫓겨 유구한 역사 현장들을 돌아보지 못했다. 2020년에 탐방 계획을 세웠으나 코로나19의 세계적인 대유행으로 하늘길과 각국의 국경이 폐쇄되어 연기할 수밖에 없었다. 사실 2021년 초만 하더라도 코카서스 지역을 방문할 생각조차 하지 못했다. 그러는 와중에 필자가 올해 초에 백신 접종을 마쳤고, 동시에 점차적으로 각국의 국경이 개방되면서 2년 만에 코카서스를 다시 방문하게 되었다. 그동안 비행기 안에서 멀리 어렴풋하게만 보였던 아르메니아 교회의 역사 현장에 드디어 발을 디디게 된 것이다.

사실 코카서스 국가들 중에 조지아(러시아어로 그루지아)가 백신 접종자들에게 문호를 활짝 열어 다른 제한 없이 입국을 허락하였다. 아르메니아도 국경을 개방하기는 했으나, 입국 조건이 상대적으로 까다로웠다. 정부에서 입국자들에게 코로나 검사 증서를 요구했는데, 입국 시간을 기준으로 72시간 내에 코로나19 음성임을 증명하는 문서를 제출토록 한 것이다. 현실적으로 미국 서부에서 출발하여 유럽의 2개국을 경유해야 하는 일정이라 무척이나 난감하였다. 더군다나 유럽이 여전히 코로나19로 국경을 폐쇄한 상황에서 심지어 단순 경유 승객에게까지 검사 증서를 요구하였다. 그것도 도착 기준으로 48시간 내에 받은 검사여야 했다. 그러다 보니 그런 조건에 맞게 검사를 받는 것도 어려웠고, 검사를 주관하는 병원이나 연구소들이 여행자들의 상황을 악용하여 터무니없는 가격을 제시하여 눈살을 찌푸리게 했다.

하늘은 스스로 돕는 자를 돕는다고 했던가! 세계 최초의 기독교 국가를 탐방하려고 기도하며 노심초사하는 필자에게 희소식이 전해졌다. 필자가 5월 초반 모든 탐방 계획을 확정하기 위해 고심에 고심을 거듭하려는 순간에 무심코 아르메니아의 국제공항 홈페이지를 검색하다가 빅뉴스를 발견하였다. 아르메니아 정부가 2021년 5월 6일 자 행정 명령을 통해 백신 접종자에게 아무 제약 없이 입국을 허락하였던 것이다. 발표가 난 5월 6일을 기준으로 10일 후인 5월 17일부터 적용된다는 내용이었다. 이와 함께 중간에 환승하는 도시들도 경유 승객들에게 코로나 검사 증서를 요구하지 않는 스위스의 취리히와 우크라이나의 키예프로 확정했다.

모든 준비를 마치고 드디어 출발할 날짜가 되었다. 아직도 코로나19 대유행이 진행 중이기 때문에 항공사에 전화를 걸어 마지막까지 확인하고 재차 점검하였다. 샌프란시스코 국제공항에 도착하여 세 장의 항공권을 발급받는 데 45분 이상의 시간이 소요되었다. 각 국가별로 요구 사항이 다르고 시시각각으로 규정이 바뀌기 때문에 항공사 카운터 직원도 쩔쩔매며 확인에 또 확인을 하느라 시간이 그렇게 지체되었던 것이다. 평소 같으면 수분 내로 마쳤을 수속이 생각보다 길게 지체되었다. 필자가 경유하게 될 스위스 취리히와 우크라이나 키이우 공항들은 환승객들에게 코비드 음성 확인서를 요구하지 않아서 그런 곳을 엄선하여 항공 예약을 하였었다. 가장 보편적인 경로인 영국 런던은 코로나 바이러스 변이 때문에 배제하였고, 독일의 공항들은 환승객들에게 현지 도착 시간을 기준으로 48시간 내에 행해진 코로나 음성 확인서를 요구하는 등 절차가 까다로웠다. 이런 점을 충분히 고려하여 환승 공항들을 선택했음에도 불구하고, 비행기를 갈아탈 때마다 확인한 것을 재차 확인하는 친절(?)한 특별 서비스를 제공받을 수밖에 없었다. 특히 스위스 취리히로 가는 비행기 안에서 환승객을 포함 모든 승객들에게 매우 자세한 개인정보, 환승 내용, 그리고 최종 도착지와 현지 체류 주소까지 무슨 신원조사하듯이 서식을 작성하도록 요구하였다.

이번 여정의 환승 공항 중 하나인 스위스 취리히(Zurich)는 독일어권 스위스의 대표적인 종교개혁가이자 개혁파 교회의 1세대라고 할 수 있는 울리히 쯔윙글리(Ulrich Zwingli)의 도시다. 필자는 여러 차례에 걸쳐서 다양한 종교개혁 현장 탐방 팀들을 인솔하고 이곳을 방문하였었다. 쯔윙글리의 종교개혁 무대였던 그로스 민스터(대교회), 신학교, 그리고 강변에 자리 잡은 쯔윙글리의 동상 등이 대표적인 현장이다. 이 외에도 쯔윙글리의 흔적을 느낄 수 있는 유적들이 여기저기 산재해 있기도 하다. 쯔윙글리는 로마 교황청이 종교전쟁 등에 스위스 군인들을 징집하여 사지로 내모는 행태에 반발하여 정치적으로, 종교적으로, 모든 측면에서 로마 교회와 철저하게 단절하는 사상을 설파하며 실천하였다. 먼저, 그는 예배 의식에서 로마 교회의 미사 형식을 완전히 배제하였다. 성만찬과 관련하여, 그는 성경대로 철저하게 기념설을 주장함으로 마틴 루터와 극단적으로 대립하였다. 쯔윙글리의 영향으로 인하여 아주 오랫동안 취리히는 가장 개혁파 교인들이 많이 출석하는 교회로 알려졌었다. 하지만 세월이 흐르고 세속화의 물결이 전 세계를 강타하면서 그런 좋은 전통을 잇기가 쉽지 않아 보인다. 얼마 전에는 한국을 비롯한 세계인들에게 한류 드라마로 인기를 끌었던 〈사랑의 불시착〉이라는 드라마의 배경으로 등장하여 수많은 사람들이 취리히를 방문하는 진풍경을 연출하였다.

우크라이나의 키예프 보리스필 국제공항도 약간 한산해 보이기는 했지만, 생각했던 것 보다는 공항이 바쁘게 움직이고 있었다. 취리히로부터 2시간 여에 걸친 비행 후에 키예프에서 환승을 하는데 경유승객이 워낙 없어서 아예 문을 잠가 놓고 있다가 어쩌다 한 번씩 생기는 승객들의 안전점검을 하는 정도였다. 우크라이나가 아직도 코로나19 확진자가 많은데도 불구하고 승객들의 편의를 최대한 확보해 주려고 하는 모습이 눈에 보여 감사한 마음이었다. 이제 마지막 비행만 하면 이번의 목적지에 도착한다는 기대감에 탑승구에서 기다리는데 대기하는 승객들이 너무 많아서 놀랐다. 사실은 아르메니아 사람들이 세계 각지로 흩어져 살고 있는데 우크라이나에도 적지 않은 디아스포라 커뮤니티가 있다는 사실을 잠시 후에 알게 되었다. 만석에 가까운 사람들을 태운 항공기는 드넓은 우크라이나의 평원을 지나 흑해를 한참 날더니 즈바르노츠(Zvartnots) 국제공항에 안착하였다. 이 공항의 명칭은 하늘의 천사들이라는 이름의 뜻을 가진 근처 도시의 이름에서 유래하였다. 바로 며칠 전인 5월 17일부터 바뀐 규정대로 접종 증서를 담당자에게 보여 주니 일사천리로 입국 수속이 끝났다. 현지 시간을 보니 5월 25일 월요일 매우 이른 새벽이었다.

장장 8,539마일, 즉 13,742킬로미터를 날아서 비행기를 네 번이나 갈아

타 가며 아르메니아를 기어코 가려고 하는 이유에 대하여 다시 한번 생각해 보았다. 그것도 코로나19 대유행으로 인하여 곳곳에 불편한 문제들이 산재해 있는데도 말이다. 그러면서 교회사 연구의 기본으로 돌아가서 초심을 확인하였다. 교회사는 기억하는 것이기 때문이다. (To remember) 교회사가로서 필자는 세계 최초의 기독교 국가지만, 역사의 소용돌이 속에서 여전히 고난과 역경의 상징이 된 그들의 수고로운 생명력을 기억하는 일에 최선을 다하고자 함이다. 그들은 신앙 때문에 삶의 터전을 버리고 피난길에 올라야 했었고, 사랑하는 가족들을 비참하게 잃어야 했으며, 때로는 세계 곳곳으로 흩어져서 이방인으로 살아야 했다. 하지만 그들은 어디를 가든지 가장 먼저 교회를 세웠으며 신앙의 생명력을 끈질기게 이어감으로 불멸의 신앙을 교회사의 흐름 속에서 온몸으로 증명하였다. 그들의 자취와 역사를 기억하는 것은 하나님의 역사하심을 경외하며 영광을 돌려드리기 위함이다.

세계 최초의 기독교 국가를 가다 2

아름다운 자연 경관을 자랑하는 코카서스산맥을 중심으로 조지아, 아르메니아, 아제르바이잔을 보통 코카서스 3국이라 부른다. 코로나19 대유행이 발생하기 직전까지만 해도 한국을 비롯한 세계 각지의 한국인들에게 새롭게 각광을 받기 시작하여 봄부터 가을까지 한국에서 직항 전세기가 오갈 정도였다. 이런 폭발적인 여행 수요가 제대로 꽃을 피우기도 전에 코로나19 대유행으로 인하여 원점으로 돌아가고 말았다. 이제 백신 접종자들에게 문호를 활짝 열었으니 앞으로가 더 기대가 된다. 코카서스 3국의 사람들은 하나님이 세 나라가 경제적으로 어려움이 없도록 공평하게 각기 세 가지 자연적 특혜를 주셨다고 믿는다. 아제르바이잔은 산유국이니 불을, 조지아는 세계적인 생수인 보르조미 물을, 아르메니아는 아름다운 석재(돌)를 주셨다는 것이다. 필자가 보기에도 상당히 일리 있는 말이라고 생각된다.

순교자들의 피는 교회의 씨앗이다

초대교회의 교부인 터툴리안의 말이다. 아르메니아 기독교의 시작도 순교로 시작되었다. 12사도들 가운데 아르메니아로 복음을 들고 온 이들은 바돌로매(나다나엘)와 유다 다대오였다고 전해져 내려온다. 아르메니아 교회도 이 두 사도가 복음 전파의 시작이었다고 공인하고 있으며 자신들이 사도들의 직계라고 하는 자부심과 더불어 교회의 공식 명칭도 아르메니아 사도 교회라고 부른다. 예수님의 가르침대로, 사도들은 희생과 헌신으로 생명력 있는 복음을 전파하였고 순교의 피를 그 땅에 뿌림으로 장차 아르메니아가 세계 최초의 기독교 국가로 역사의 한 획을 긋는 데 씨앗이 되었다. 특히 바돌로매는 피부가 벗겨지고 머리 가죽이 벗겨져서 십자가에 거꾸로 매달려 죽어 갔으며 그래도 죽지 않자 그의 목을 잘랐다고 전해지기도 한다. 유다 다대오도 끔찍한 방식으로 순교를 당했지만 자세한 내용은 잘 알려지지 않았다. 당시에 아르메니아가 아사시드(Arsacid) 왕조가 시작된 후 초창기였기 때문에 통치자들과 기득권을 가졌던 토착 신앙 추종자들은 새로운 신앙의 역동적인 영향에 대하여 경계하며 극렬하게 배척하였다. 이후 초대교회가 아주 오랫동안 박해를 받았기 때문에 이 두 사도의 활동 이외에는 차대의 기록이 매우 미미하다. 하지만 세계 곳곳에서 기독교에 대한 박해가 지속되었음에도 불구하고, 로마 제국 내에서 기독교가 폭넓게 확산되었다는 사실을 볼 때, 교회 역사에서 알려지지 않은 복음의 역사가 아르메니아에서도 드러나지 않게 진행되었을 가능성은 충분히 있음이다. 왜냐하면 동서양을 잇는 실크로드가 복음의 길이 되었듯이 아르메니아가 폭넓게 영향력을 행사하고 있었던 코카서스 지역이 이 길의 종착역이었기 때문이다.

어머니 교회로서의 초석

교회를 지칭하는 헬라어인 '에클레시아'는 여성형이다. 실제로 교회의 시작부터 여성들은 이름도 없이 빛도 없이 주님의 몸 된 교회를 위해서 땀과 눈물로 헌신하여 왔다. 시작단계부터 교회를 말할 때 모교회 즉 어머니 교회라는 표현을 쓰는 이유이기도 하다. 신약학의 세계적인 석학이자 전설이 된 브루스(F.F. Bruce) 교수는 기독교의 전파 과정을 초원의 들불이라고 표현하며 아무리 끔찍하고 공포스러운 핍박의 위협이라고 할지라도 역사의 큰 흐름을 거스를 수 없었다고 주장했다. 아르메니아도 사도들이 뿌린 순교의 씨앗이 발아하고 싹을 틔우며 열매를 맺게 되는 역사의 강력한 흐름을 막아설 수 없었다. 그 결정적인 시기에 기독교에 대한 강렬한 인상을 심어 주었던 이들이 있었는데 바로 35명 정도의 여성들이었다. 그들은 아르메니아가 301년에 세계 최초의 기독교 국가로 공인되기 1년 전에 순교의 피를 뿌림으로 복음의 대변혁을 알리는 서곡이 되었다.

아르메니아 최초의 기독교 여성 지도자, 가야네(Gayane)

가야네는 로마에서 소규모의 헌신된 여성들을 이끌던 지도자였다. 로마 황제인 디오클레티안이 기독교인들에 대한 박해를 강화하자 로마를 탈출하였다. 그녀는 북아프리카 이집트의 알렉산드리아로 갔다가 거기도 안전하지 못하다는 판단을 하였고 코카서스의 아르메니아로 이동하였다. 가야네는 바가르샤팟(Vagharshapat), 즉 후에 에치미아진(Etchimiazhin)으로 알려지게 될 곳의 근처에 버려진 포도주 제조 시설을 피신처로 삼았다. 그녀가 이끌던 여성 중에 흐립시메(Hripsime)라는 왕족 출신의 귀족이 있었다. 사실 흐립시메가 절세가인이었기 때문에 로마 황제 디오클레시안이 그녀를 설득하여 왕비로 삼고자 했는데 그녀는 기독교를 박멸하기 위해 혈안이 되어 있던 황제와 종교적인 신념이 완전히 달랐기 때문에 황제의 청혼을 거절하였고 가야네가 이끄는 공동체에 합류하여 아르메니아까지 오게 되었다.

당시 디오클레티안 황제는 흐립시메에 대한 집착을 버리지 못하고 더욱 분기충천하여 그녀의 행선지를 알아내었다. 황제는 아르메니아의 왕인 티리다테스 3세(Tiridates III)에게 압력을 가하여 흐립시메를 잡아서 로마로 압송할 것을 부탁하였다. 로마 황제의 요구를 거절할 수 없었던 아르메니아 왕은 군대를 보내어 흐립시메를 왕궁으로 압송하였다. 그녀를 본 아르메니아 왕도 한눈에 반하여 황제의 부탁은 안중에도 없고 오히려 자신과 결혼해 달라고 그녀의 면전에서 요구하였다. 그녀가 이교신앙을 추종하는 왕과도 종교적인 신념이 완전히 달랐기 때문에 일언지하에 거부하자 왕은 그녀가 속한 공동체의 지도자인 가야네를 왕궁으로 불러서 흐립시메를 설득해 달라고 간절히 청하였다. 가야네도 왕의 청을 거부하자 그녀들을 왕궁에 구금하였다. 지도자로서 가야네는 자신을 믿고 따르는 흐립시메의 입장을 적극 지지하였고 더 나아가 그녀가 약해지지 않도록 격려하였다. 왕이 그녀들을 풀어줄 기미가 안 보이자, 가야네는 지도자로서 투지를 발휘하여 흐립시메와 함께 탈출에 성공하였고 다른 구성원들이 있는 임시 처소에 무사히 도착하였다.

문제는 그녀들이 탈출에 성공한 이후에 발생하였다. 이에 대하여 아르메니아 왕은 흐립시메에 대한 집착이 광기로 변하였고 자신의 군대를 보내어 가야네가 이끄는 공동체의 모든 여성들을 체포하였다. 가야네를 비롯한 모든 구성원들이 자신들이 가진 종교적인 신념을 포기하지 않고 더욱 확고한 자세를 견지하였고, 흐립시메도 왕의 요구를 끝까지 거부하였고 굴하지 않았다. 결국 왕은 가야네와 흐립시메를 비롯한 여성들에게 무자비한 고문을 지시하였고 급기야 왕의 부하들은 가야네를 비롯한 모든 여성들의 혀를 뽑고 눈을 찔러서 사물을 볼 수 없게 만들었다. 그럼에도 불구하고, 가야네의 구성원들이 신앙을 포기하지 않자 왕의 부하들은 그녀들의 목을 자르고 사지를 절단 낸 다음 화형에 처하는 극악무도한 악행을 자행하였다.

일반적으로, 아르메니아가 세계 최초의 기독교 국가가 되는데 있어 결정적인 역할을 했던 인물은 조명자 그레고리(Gregory the Illuminator, 본명 그레고리 루사보리치-Gregory Lusavorich)였다. 하지만 아르메니아 최초의 기독교 여성 지도자이자 순교자인 가야네, 그리고 흐립시메 등 35명 정도의 여성 순교자들이 흘린 피는 사도들의 순교적 희생의 연장선상에서 반드시 기억해야 할 숭고한 것이었음에 틀림이 없다. 비록 광기를 부렸던 티리다테스 왕이 회심을 한 후 조명자 그레고리의 주도 하에 그들을 위한 작은 기념 예배당을 마련하였을 지라도, 가야네와 흐립시메 등 무명의 여성 순교자들을 기억하는 정식 예배당은 상당 기간 지체되다가 약 400년 가까이 지난 시점에 건축되어 현재에 이르고 있다. 더군다나 그녀들에 대한 고고학적 발굴은 1970년대에 들어서야 본격화되었고 머리 부분이 없고 사지가 절단 난 유골들을 발굴함으로써 그녀들의 순교적 희생이 구전이나 전설이 아니라 역사적인 사실이었음을 확증하였다.

필자가 이번 탐방을 통해 교회사 연구의 궁극적인 목적인 기억함(To Remember)에 대하여 언급하면서 초심으로 돌아가서 기본에 충실할 것이라고 다짐한 바 있다. 필자는 사도들이 뿌린 순교의 피, 아르메니아 최초의 기독교 여성 지도자 가야네, 그리고 디오클레시안 황제와 티리다테스 왕의 절대권력에 굴하지 않고 신앙의 절개를 지킨 흐립시메의 삶에 경의를 표하며 그들의 인생여정에 언제나 동행하신 성삼위 하나님께 모든 영광을 돌려드린다. 아울러 가야네와 흐립시메를 빼고는 이름이나 개인 신상에 대하여 전혀 알 수 없는 30명이 넘는 무명의 여성 순교자들을 기억할 것이다. 이름도 없이 빛도 없이 묵묵히 순교의 제물이 된 무명의 여성들은 무명이어서 더욱 아름답게 빛나는 별이 되어 교회 역사에 길이 남을 것이고, 하늘에서는 생명책에 그들의 이름이 명확하게 기록되어 무명이 아닌 유명인이 되어 영광의 면류관을 쓰고 주님과 더불어 영원한 생명을 향유하고 있음을 믿어 의심치 않는다.

세계 최초의 기독교 국가를 가다 3

아르메니아와 관련된 역사의 현장들은 비단 현재의 아르메니아에만 국한되지 않고 보다 넓은 견지에서 이해함이 자연스럽다. 광의의 아르메니아(Greater Armenia)는 코카서스 전체, 튀르키예의 거의 대부분, 중동 국가들의 일부를 포함한다. 이는 기독교를 국교로 선포한 아르메니아의 정체성이 실제로 지배했던 영토와 아르메니아의 디아스포라를 통해 폭넓게 드러나고 있기 때문이다. 특히 아르메니아와 국경을 맞대고 있는 튀르키예의 경우는 아르메니아의 역사 유산을 자신들의 것인 양 역사 왜곡을 서슴지 않고 있어서 많은 우려를 낳고 있다. 아르메니아 역사의 전문가들은 튀르키예의 이런 처사를 아르메니아 역사와 문화에 대한 대학살(Genocide)이라고 부르며 강하게 반발하고 있다. 교회 역사는 하나님이 주관하시기 때문에 인간들이 역사를 왜곡하고 무시하고 감추려고 해도 그 흐름을 절대로 막아설 수는 없다. 그래서 역사 앞에서 모든 인생들은 겸손하게 머리를 숙이고 두렵고 떨림으로 순응해야만 한다.

여성들에 의한 극적인 탈출과 영혼의 피난처

아르메니아 교회 역사를 말할 때 조명자 그레고리를 빼고는 안 될 정도로 그의 헌신과 희생은 실로 놀라웠다. 그레고리의 훌륭함은 아르메니아 최초의 여성 지도자인 가야네와 흐립시메 등 30여 명의 여성 순교자들의 희생이 얼마나 소중하고 값진 일이었는가를 올바르게 인식했다는 데 있다. 그의 역사의식은 참으로 위대하고 숭고했다. 순교자들의 삶을 기억했던 그레고리의 겸손함이 기독교 국가인 아르메니아로 하여금 든든한 초석 위에 굳건하게 서도록 했던 원인 중에 하나였음을 부인할 수 없다. '조명자'는 복음의 빛을 결정적이며 거국적으로 비추게 하는 역할을 그레고리가 했기 때문에 그의 이름 뒤에 붙은 별명이다.

그레고리 루사보리치는 아낙(Anak)이라는 왕족의 아들로 태어났다. 루사보리치 가문은 아사시드 왕가와 정적의 관계에 있었고 향후 아르메니아 교회 역사에서 악역과 혁혁한 업적을 동시에 남기게 될 티리다테스 3세와 역사의 외나무다리에서 만나게 되었다. 그레고리의 아버지인 아낙이 티리다테스 3세의 부친인 코스로프(Khosrov) 왕을 암살하는 데 가담하였고 곧 이어 아사시드 왕가로부터 대대적인 정치 보복을 당하여 가문 전체가 멸문지화를 당하는 처지에 이르렀다. 이런 위기 속에서 어린 그레고리를 돌보던 소피아와 예브타그 등의 여성들은 사력을 다해 그를 갑바도키아(Cappadocia)로 탈출시키는 데 성공하였다.

당시 갑바도키아는 로마 제국의 기독교에 대한 박해를 피하여 모여든 수많은 기독교인들의 은신처였다. 갑바도키아 지역은 지질학적으로 특이한 지형이었기 때문에 피난처로서는 안성맞춤이었다. 이 지역이 언뜻 보기로는 바위로 되어 있는 듯하였으나 간단한 도구로 바위를 쉽게 뚫어서 주거 및 공공장소를 수월하게 만들어 갈 수 있었다. 이는 굴을 파는 과정에서 깎인 표면이 공기와 만나면서 단단하게 굳었기에 가능한 일이었다. 실로 전능자의 그늘이요 영혼의 피난처로서는 최적의 장소였다. 갑바도키아는 향후 초대교회 역사에서 중요한 역할을 했던 수많은 인재들의 산실이었다. 초대교회 역사에서 빼놓을 수 없는 갑바도키아 교부들이 대표적이다. 그들은 가이사랴의 감독이었던 대바실(Basil the Great), 그의 동생이자 닛사의 감독이었던 닛사의 그레고리(Gregory of Nyssa), 그리고 절친이자 콘스탄티노플의 총대주교였던 나지안주스의 그레고리(Gregory of Nasianzus) 등이다. 갑바도키아 교부들은 초대교회가 기독론과 삼위일체론을 확립하는 데 지대한 공헌을 하였고 특히 성령론의 측면에서는 타의추종을 불허하였다.

코르 비랍(Khor Virap, 깊은 굴)의 유래

그레고리 루사보시치도 기독교적인 분위기에서 당대 최고의 교육을 받았고 영성과 지성을 겸비한 엘리트로 성장하였다. 주변으로부터 자신의 가문과 아르메니아 아사시드 왕가와의 악연을 익히 알고 있었던 그레고리 루사보시치는 자신의 가문이 조국인 아르메니아 왕실에 졌던 정치적인 빚을 갚고 속죄하고자 당시 왕궁이 있던 바가르샤밧으로 인생의 행로를 정했다. 거룩한 소명과 영감에 이끌리지 않고서는 감히 생각할 수 없었던 매우 위험한 결정이었다. 암살당한 부친을 이어 왕이 된 티디다테스 3세가 젊고 유능한 그레고리 루사보시치를 중용하여 왕실의 행정 업무를 보도록 하였다. 하지만 예나 지금이나 장래가 촉망되는 사람의 주변에는 시기와 질투로 가득차서 모함하는 세력들이 있기 마련이어서 그레고리는 이런 부류의 표적이 되어 자신의 배경이 공개되었다. 왕은 그레고리가 부왕을 암살했던 가문의 자식임을 알고 대노하여 그레고리를 가혹하게 고문한 후 깊은 굴속, 즉 코르 비랍에 감금하였다.

무명의 여성이 전해 준 떡 조각

그레고리 루사보시치는 깊은 굴에 던져진 후 모든 사람들의 기억에서 잊혀졌다. 왕은 주변국들과 연이은 전쟁을 하느라 여유가 없었고 그 누구도 그레고리에 대하여 언급하지 않았다. 그레고리가 갇힌 구덩이는 어둡고 침침하며 사방이 폐쇄되어 외부와 철저하게 단절되었다. 코르 비랍이 위치한 마을에 신실하고 기도를 많이 하는 과부가 살고 있었다. 그 과부는 기도 중에 영감을 받고 깊은 굴속에 버려진 그레고리에게 12년 이상 동안 떡 조각을 공급하였다. 이 무명의 과부가 전달한 떡 쪼가리가 그레고리에게는 하나님이 자신과 함께 하신다는 확신과 소망이었음에 틀림없다. 그레고리가 갑바도키아에서 결혼하여 두 아들을 두었지만, 온전히 헌신된 삶을 살기 위해 가족을 뒤로 하고 아르메니아로 왔기 때문에, 그가 이런 환경에 던져진 것이 부정적인 면보다는 긍정적인 부분이 더 많

왔다. 이 기간 동안 그레고리는 영적인 깊은 묵상과 통찰을 할 수 있었고, 온전히 천상의 잔치에 참여하여 풍성한 하늘의 만찬을 누렸다. 그는 코르 비랍에서의 영적 경험을 통하여 향후 전개될 상황에 대하여 소망을 가질 수 있었다. 만일 한 과부의 공급이 없이 그가 혼자였다면, 이런 긴 시련의 기간을 인내할 수 없었을 것이다. 그 무명의 과부는 그레고리의 영적인 친구요 동역자였다. 그런 견지에서 이 무명의 과부도 무명의 여성 순교자들과 더불어 기억되고 교회 역사의 오메가 포인트, 즉 역사의 종말까지 후대에 전하여 귀감이 되도록 함이 마땅하다고 확신한다.

소개자로 예비된 한 여성

필자도 이번에 탐방하며 글을 쓰면서 한 국가와 민족이 기독교화되고 아르메니아가 최초의 기독교 국가로 역사의 큰 획을 긋는 데 있어 이렇게 많은 여성들이 결정적인 역할을 했을 것이라고는 전혀 생각하지 못하였다. 아마 독자 제위도 아르메니아 교회사 자체가 생소한데 게다가 적지 않은 여성들이 이름도 없이 빛도 없이 이렇듯 중요한 역할을 했다는 것에 대하여 적지 않게 놀라고 탄복하리라 생각된다. 그 여성들은 아르메니아 최초의 기독교 여성 지도자이며 순교자인 가야네, 신앙의 절개를 지킨 흐립시메, 이름도 없이 피를 흘렸던 30여 명의 여성 순교자들, 어린 그레고리를 탈출시킨 두 명의 여성들, 떡 조각을 전해 준 무명의 과부, 그리고 그레고리를 왕에게 간절하고 끈질기게 소개한 코스로비듀크트(Khosrovidukht) 공주 등이다. 그녀는 친형제인 티디다테스 3세가 병에 걸려 사경을 헤맬 때 왕에게 그레고리를 소개한 왕의 누이였다. 처음에 왕은 그레고리에 대하여 부정적이었을 뿐만 아니라 실제적으로 그는 그레고리가 12년 이상 깊은 굴속에 갇혀 있어서 죽었을 것이라고 생각하였다. 왕은 코르 비랍으로 부하들을 보내서 그레고리의 생사를 확인하도록 조치를 취했고, 그가 살아 있다면 왕궁으로 데려오도록 했다. 결국 그레고리는 살아서 왕의 앞에 섰고 그를 치료함으로 기독교 국가로서의 큰 걸음을 내디뎠다. 교회 역사에는 결코 우연이 없다. 모든 사람들이 시의 적절하게 등장하여 각기 맡은 사명을 감당하였다. 오랜 세월이 흘렀지만 한 왕실의 여인이 그레고리를 기억함으로써 위대한 역사의 디딤돌을 놓았던 것이다. 왕은 병이 완치된 후 그레고리로부터 세례를 받고 둘이 함께 힘을 모아 역사상 최초로 한 나라를 기독교 국가로 만들었다.

하나님으로부터 나신자(독생자)의 강림

이는 아르메니아 사도 교회의 본산이 있는 에치미아진의 이름 뜻이다. 301년에 기독교 국가로 새롭게 출발했던 아르메니아는 그레고리에게 교회와 관련된 전권을 부여하였다. 그는 교회의 초대 총대주교로 서품을 받고 아르메니아를 명실상부한 기독교 국가로 변혁시키는 일에 박차를 가하였다. 그는 비전 중에 하나님으로부터 나신자(Only Begotten Son, 독생자)의 강림을 경험한 후 그 지역의 이름을 에치미아진으로 명명하였다. 이곳은 301년부터 지금까지 전 세계 아르메니아 사도 교회의 본산으로 유구한 역사를 이어 오고 있는 중이다. 아울러 그레고리가 에치미아진에 국가 교회의 본부를 둔 데는 아라랏산에 도착한 노아 가족이 이곳에 정착했었다는 오랜 전통 때문이기도 하였다.

이런 의미와 민족적 전통을 간직한 에치미아진에 교회의 기초를 놓았던 그레고리는 왕의 도움을 받아 301년에 세계 최초의 카세드럴(Cathedral), 즉 대교회를 건축하였다. 그레고리는 아르메니아가 세계 최초의 기독교 국가로 자리매김하는 데 있어서 조명자(The Illuminator) 역할을 사상 최초로 했고, 세계 최초의 카세드럴을 건축했고, 세계 최초로 국가 교회의 수장이 되는 진기록을 남겼다. 그레고리가 아르메니아 전역을 신속하게 기독교화시킬 수 있었던 이유는 교육과 군사력에 있었다. 그는 이방신들을 위해 설립된 교육기관들을 기독교 지도자를 양성하는 용도로 변혁하였고 이방신전들이 소유하고 있었던 엄청난 재산들을 교회와 수도원을 건립하는 기금으로 사용하였다. 그는 막강한 군사력을 바탕으로 저항하는 이교세력들을 굴복시켰다. 세계 교회사적으로 이렇게 위대한 업적을 남겼던 그레고리지만 말년에는 아르메니아의 고지대로 가서 조그마한 거주지를 마련해 놓고 여생을 오로지 영적 수련에만 집중하며 살았다. 그레고리가 "나의 나 된 것은 내가 아니라 그리스도" 때문이었음을 너무나도 잘 알고 있었으므로 모든 영광을 성삼위 하나님께 돌려드리고 자신은 초야에 묻혀서 소박한 말년을 보냈던 것이다.

세계 최초의 기독교 국가를 가다 4

역사성과 종교성은 구분해야

아르메니아 교회들을 보면서 혹자들은 교회의 내부가 의외로 단순하고 화려하지 않다는 생각을 할 것이다. 이는 교회사적으로 '성상파괴논쟁'과 깊이 연결되어 있다. 로마 가톨릭을 중심으로 하는 서구 교회와 콘스탄틴노플을 축으로 하는 동방교회는 신학과 예전에서 차이를 보이다가 1054년에 동서교회의 대분열로 갈라섰다. 중세시대로 들어서면서 이 두 전통의 각자 도생은 상당부분 예견되었었다. 성상 숭배와 관련된 부분도 중세 초반을 거치면서 두 전통 간의 차이를 심화시키는 요인이 되었다. 그 결과 로마 가톨릭 교회들은 교회 내외적으로 성상을 세워 역사성에 종교성을 부여하여 숭배한 반면, 동방교회는 성상파괴논쟁의 여파로 비교적 소박하고 단순한 형태를 유지해 왔다. 물론 기독교의 역사가 오래되면서 거의 모든 나라들에서 기복신앙적인 요소들이 혼합되어 나타나는 현상이 보편화된 것은 부인할 수 없다. 그렇지만 기독교 유적과 역사적 유물들을 종교적으로 숭배하는 행위는 철저하게 경계해야 옳다. 기독교인들이 신앙의 유적과 유물들을 탐방하는 이유는 숭배의 목적이 아니라 그 의미와 뜻을 통해 각 개인의 신앙을 돌아보고 보다 나은 미래를 위한 교훈으로 삼고자 함에 있기 때문이다.

아르메니아 교회와 국가의 보물들

세계 최초의 기독교 국가답게 아르메니아는 수많은 기독교 유산들을 보유하고 있다. 세계 최초의 대교회인 에치미아진 카세드럴을 필두로 헤그파트와 사나힌 수도원, 그리고 게하르드 수도원과 아자츠 밸리 등이 대표적이다. 아울러 수많은 유무형의 세계 문화유산이 즐비하다. 더군다나 튀르키예 전 지역에 산재한 유적들, 이란의 유적들, 시리아와 레바논의 유적들, 예루살렘의 구시가에 자리 잡은 아르메니안 쿼터, 그리고 세계 곳곳의 디아스포라 유적들까지 그 규모가 어마어마하다. 더군다나 2020년 아제르바이잔과의 전쟁에서 패함으로 주도권을 상실한 나고르노-카라바흐 지역에 산재한 유산들까지 그 규모가 실로 방대하다. 아르메니아 사람들은 역사적으로 교회 관련 유산들을 아끼고 정성껏 관리하는 그 자체가 자신들의 민족적 정체성과 직결된다는 점을 잘 알고 '기억함'의 역사의식을 견지하여 왔다.

아르메니아의 보물: 십자가에 달리신 예수님의 옆구리를 찌른 로마군의 창

이 유물에 대한 많은 논란이 있음에도 불구하고 아르메니아는 이 역사적인 창(Spear)을 소유했다는 사실에 대하여 자부심이 크다. 현재 아르메니아 사도 교회의 본산인 에치미아진 박물관에 소장중이다. 원래는 세계 최초의 카세드럴인 에치미아진 대교회에 있었는데 이곳이 공사 중인 관계로 장소를 옮겨서 전시하고 있다. 아르메니아 전통에 의할 것 같으면, 이 창은 바돌로메 사도와 유다 다데오 사도가 전해 주었다고 알려져 왔다. 교회사적으로, 이 창과 연관된 가장 확실한 근거가 아자츠 계곡에 건립된 게하르드(Geghard), 즉 창이라는 뜻의 수도원 명칭에 나타나 있다. 이 수도원의 이름이 원래는 아이리방크(Ayrivank), 즉 암석을 깎아 만든 수도원이었는데, 이 유물이 수도원에 보관되기 시작하면서 명칭이 바뀌었다. 게하르드 수도원은 조명자 그레고리에 의해 설립된 이후 유서 깊고 의미 있는 유물들을 포함하여 다양한 문서들을 수다하게 확보함으로서 교회적으로, 학문적으로, 영적으로 중요한 역할을 감당하였다. 주요 침략자들, 즉 몽골, 티무르, 그리고 튀르크 등의 연이은 약탈과 파괴로 절체절명의 위기를 겪기도 했지만, 아르메니아 유산들을 소중하게 생각하는 헌신자들의 노력과 희생으로 중요한 보물들을 빼앗기지 않고 보존할 수 있었다.

아르메니아의 보물: 예수님이 달리셨던 나무 십자가의 조각들

초대교회부터 예수님이 달리셨던 십자가의 일부를 소유했다는 주장들이 여기저기서 제기 되었다. 더욱이 중세시대를 거치면서 십자가 조각들을 가짜로 제작하여 배포하는 일들이 빈번하게 일어나게 되면서 많은 논

란이 되었다. 오죽했으면, 제네바의 종교개혁가인 존 칼빈이 여기저기 떠도는 십자가 조각들을 모으면 배 한 척에 가득 실을 정도로 많다고 비판하였다. 그만큼 예수님이 달리신 십자가의 조각들을 판단하기가 쉽지 않았다. 앞에서 밝혔던 대로, 역사적 유물을 소중히 여기는 태도와 그 모든 것에 종교성을 부여하여 숭배하려는 행위를 구분하지 못해서 생긴 혼란이었다. 아르메니아 사도 교회의 본산인 에치미아진 박물관에도 십자가의 조각들이 두 판에 나뉘어 보관되어 있다. 아르메니아의 십자가 조각들은 세계적으로 권위를 인정받고 있는 유물들 가운데 하나다. 그래서 그런지는 모르겠으나 아르메니아 사람들은 이 조각들을 국보로 생각한다. 그 나무 십자가 조각을 숭배하려는 시도를 경계하면서도, 역사적 유산을 소중히 생각하는 아르메니아 사람들의 태도는 가히 본받을 만하다.

아르메니아의 보물: 노아의 방주로 추정되는 나뭇조각

현재의 영토만 생각하면 아르메니아를 이해하는 데 제한이 많다. 사실상 역사적으로 문화적으로 아르메니아는 튀르키예의 상당 부분에 걸쳐서 그들만의 독특한 유산들을 남겨 왔다. 노아의 방주가 도착했던 아라랏산만 하더라도 단순히 이 지역이 튀르키예의 영토에 있기 때문에 튀르키예의 시각에서 바로보기 쉽다. 오래전부터 이슬람의 영향을 받았던 튀르키예에 아라랏산은 그리 큰 의미가 없어 보인다. 하지만 아르메니아는 최초의 기독교 국가답게 성경의 배경이 된 지역들에 대하여 전혀 다른 의미를 간직하고 있었다. 특히 아라랏산은 아르메니아 민족에게 자신들의 정체성과 직결되는 중요한 성산이었다. 노아가 날려 보낸 비둘기부터 포도 농사에 이르기까지 아르메니아인은 어느 것 하나라도 소홀히 할 수 없었다. 아르메니아 사도 교회의 건축 양식을 볼 것 같으면, 아라랏산을 빼고는 교회당과 수도원 등 종교적인 형식들을 이해할 수가 없다. 왜냐하면 그들의 교회당과 수도원들이 한결같이 아라랏산에 십자가를 얹은 모양이기 때문이다. 그만큼 아라랏산은 민족적 정체성의 핵심이다.

지금의 에치미아진 본산을 포함한 바가르샤밧은 노아와 연관된 민족적 전통을 배경으로 오랫동안 아르메니아의 수도로 자리매김을 했다. 그런 견지에서, 에치미아진 박물관에 소장중인 방주의 나뭇조각이 아르메니아인들에게 얼마나 큰 자부심과 긍지를 주고 있는지 충분히 짐작하고도 남는다. 박물관을 관람하면서 처음에 이 유물을 보면 방주의 나뭇조각이 어디에 있는지 찾기가 쉽지 않다. 그 보관함의 배경처럼 뒤쪽으로 넓적하게 깔려 있어서 그렇다. 사실 이 조각은 한 아르메니아인이 노아의 방주를 찾기 위해 산의 정상에 올랐고 영감을 받아 발견했다고 전해진다. 이와 관련되어 구전되는 이야기들이 많이 있지만 역사적 근거가 부족한 관계로 여기서는 언급하지 않는다.

이외에도 에치미아진 박물관에 전시된 국보급 유물들이 많다. 특히 아르메니아 사도 교회의 대부인 조명자 그레고리를 비롯하여 후대의 교회 지도자들이 남긴 것들도 눈에 띈다. 아울러 아르메니아 특유의 전통의복들도 화려하지만 절제된 고상함으로 인상적이다. 필자가 역사 현장을 탐방할 때마다 풀 한포기와 돌 한 조각에 담긴 의미를 찾아 가기 때문에 아르메니아의 국보급 유물들은 역사적 교훈을 얻으려는 신앙인들에게 더할 나위 없이 좋은 가치를 지닌다는 점을 주시시키고 싶다.

세계 최초의 기독교 국가를 가다 5

한국인, 아르메니아인, 그리고 유대인

이번에 필자가 아르메니아의 구석구석을 누비며 기독교 유적들을 탐방하고 성직자를 만나고 일반 사람들과 대화를 하면서 아르메니아인들이 한국인과 유대인의 정서와 너무나도 흡사하다는 생각이 강하게 뇌리에 남았고 얼마 지나지 않아서 확신에 이르게 되었다. 아르메니아인을 비롯한 이 세 민족은 각자의 언어, 문화, 역사에 대하여 굉장한 자부심이 있다. 특히 아르메니아 알파벳과 한글 알파벳은 세계의 수많은 언어들 가운데서도 독창적으로 창제되었을 뿐만 아니라 가장 과학적이고 진일보한 언어로 정평이 자자하다.

언어학적인 유사점과 더불어 아르메니아인들, 한국인, 그리고 유대인들은 유구한 역사를 거치면서 고난과 역경을 수도 없이 겪어 왔다. 이 세 민족은 나라를 잃은 설움을 안고 엄청난 수의 사람들이 세계 곳곳으로 흩어져 디아스포라 공동체를 형성해 왔다. 이 세 민족은 그 어떤 환경에서도 자신들의 정체성을 분명히 하였고, 각자의 정체성을 잃지 않기 위해 후대를 위한 교육에 사활을 걸었다. 이 세 민족은 현재의 작은 영토에도 불구하고, 교육열만큼은 둘째가라면 서러워할 정도로 대단한 열정과 노하우를 가지고 있다. 아울러 이 세 민족은 상술에도 남다른 재능을 보여서 세계 어디를 가든지 경제적으로 두각을 나타내고 있다.

특히 이 세 민족은 신앙의 뿌리가 같아서 종교적인 측면에서도 깊은 유사성을 공유한다. 더욱이 아르메니아는 세계 최초의 기독교 국가라는 상징성과 함께 유구한 기독교 역사를 가지고 있어서 한국 기독교인들에게는 신앙 면에서 더욱더 정서적인 친근감을 느끼게 해 준다. 아르메니아인과 한국인의 이런 정서적 친근감과 동질감은 아르메니아의 유적들을 접하고 산야를 누비며 현지 사람들과 접촉하면 할수록 커져 간다.

아르메니아의 세종대왕, 메스롭 마쉬톳츠(Mesrop Mashtots)

한 국가의 문자는 단순히 글자가 아니라 역사서술의 주도권을 행사할 수 있는 국력을 의미한다. 한국도 문자가 도입되기 전에는 중국의 역사기록에 의존할 수밖에 없었고, 문자를 가진 민족의 관점에서 자기들에게 유리하게 기록한 서술에 따라 한때지만 한국도 문화적으로 종속적인 위치에 있었다. 중국이 동북공정을 통해 한국의 고대사를 자기들의 역사로 편입시키려는 시도도 자신들의 문자로 서술했기 때문이다. 문자를 가진 중국 본토의 역사기록이 문자가 없어서 기록을 남길 수 없었던 중국 북방 민족들에 대한 서술에서 왜곡과 무시가 빈번하게 목격되는 것도 같은 이유에서다.

아르메니아는 역사적으로 강대국들의 틈바구니에서 질곡의 세월을 감내하였다. 아르메니아가 301년에 사상 최초로 기독교 국가로 발돋움을 한 후 로마 제국과 신생 페르시아 제국의 대립 속에서 나라의 주권을 상실키도 하였다. 기독교 신앙을 기반으로 민족적 정체성을 확립해 가던 아르메니아로서는 자국의 발성과 맞지도 않는 남의 나라 문자를 사용하는 데 있어 한계를 절감하고 있었다. 아울러 주변 강대국들의 영향력에 따라 그들의 언어와 문화를 강요받게 되는 일들을 겪으면서 아르메니아 자체의 문자에 대한 필요성이 강하게 제기되었다.

그런 중차대한 일을 담당했던 인물이 바로 메스롭 마쉬톳츠였다. 그는 귀족가문에서 태어나서 당대 최고의 교육을 받았다. 그는 최고의 엘리트 코스를 밟으며 왕의 최측근이 되어 출세가도를 달렸다. 무슨 연유에서인지는 모르겠으나 그는 부와 명예를 한 손에 쥘 수 있었던 왕실의 요직에서 물러나 수도자의 길로 들어섰다. 메스롭은 소정의 과정을 거치고 나서 복음의 불모지를 찾아 전도사역에 헌신하였다. 그는 복음을 전하며 아르메니아 말을 하는 사람들에게 성경을 가르치기 위해 타민족의 언어들, 즉 그리스어, 페르시아어, 그리고 시리아어 등을 사용해 보았지만 자국어를 표현하기에는 적절하지 않았다.

당시에 국가적으로, 교회적으로, 문화적으로 아르메니아만의 문자가 절실하게 필요했던 분위기에서 메스롭은 아르메니아 국왕인 브람샤푸 (Vramshapuh), 총대주교인 아이작(Isaac), 귀족들, 그리고 모든 국민들의 염원을 실현하기 위해 최일선에 나서게 되었다. 그는 거국적인 지원에 힘입어 자신의 제자들을 주요 국가에 파송하여 각 나라의 언어들을 연구하도록 조치하였다. 그를 중심으로 많은 사람들의 노력에 힘입어 405년에 35개의 알파벳이 창제되었다. 그 이후 중세시대를 거치면서 2개의 알파벳이 추가되었다. 만일 아르메니아가 자체의 문자를 갖지 못했다면 동방에서 명멸해 갔던 수많은 민족들처럼 단순히 국가의 이름정도만 남기고 사라졌을 것이다. 아르메니아 자체의 문자 창제는 성경과 기독교 문헌들을 아르메니아어로 번역하면서 명실상부한 기독교 국가로서의 전통과 민족적 정체성을 계승하고 발전시키는 데 있어 혁명적인 역할을 하였다.

메스롭은 아르메니아 알파벳을 창제한 후 나라의 곳곳에 학교를 세워서 학생들에게 문자를 익히게 하여 자국의 언어로 학문을 연마케 하였다. 그의 수고와 노력은 아르메니아로 하여금 역사의 소용돌이 속에서도 명맥을 유지하게 했을 뿐만이 아니라 아르메니아 사람들이 어디를 가든지 모든 면에서 우위를 점하도록 만들었다. 후세들이 메스롭의 공로를 인정하여 수도인 예레반을 비롯하여 주요 도시에 그의 이름을 딴 도로 이름을 붙였다. 예레반의 메스롭 마쉬톳츠 길은 그의 동상이 있는 고문서 보관소, 즉 마테나다란(Matenadaran)으로 연결되어 있다. 또 다른 동상들은 아라랏산과 마주하고 있는 아라갓츠(Aragats)산 근처와 역사적인 나고르노-카라바흐 지역에 세워져 있다. 2020년 말에 벌어졌던 아제르바이잔과의 전쟁에서 아르메니아가 나고르노-카라바흐 지역에 대한 통제력을 상실했기 때문에 메스롭의 무덤과 그곳에 세워진 그의 동상에 접근하기가 사실상 불가능해졌다.

세계 최초의 기독교 국가를 가다 6

1915년 아르메니아 대학살

세계 제1차 대전을 전후하여 튀르키예의 전신인 오토만 제국에 의해 150만이 넘는 아르메니아인들이 조직적으로 대학살의 피해자가 되었다. 쿠데타로 집권한 오토만 제국의 신진 세력들은 패전의 책임과 국면전환용으로 아르메니아인들을 희생양으로 삼았다. 비록 아르메니아인들이 오토만 제국의 통치하에서 국가적 주권을 상실한 채로 살아가고 있었지만, 그들이 민족적 정체성을 견지하며 각 지역마다 자체의 공동체를 형성하며 살고 있었기 때문에, 아르메니아 공동체가 양질의 교육을 제공하고 탁월한 상술을 발휘하여 경제적인 주도권을 쥐고 있던 상황이 이슬람 정권인 오스만 제국에게는 위협이 될 수도 있었다. 더군다나 기독교권과 전쟁을 치루며 패전을 거듭하던 분위기에서 기독교 전통을 확고하게 유지해 오고 있던 아르메니아인들이 혹여나 적들과 내통할 가능성으로 인하여 오스만 제국은 불안하게 생각하고 있었다. 결국 아르메니아인들은 계획적으로 진행되었던 대대적인 학살, 추방, 그리고 각종 비인도적인 만행 등으로 수많은 생명들이 쓰러져 갔다. 이와 동일한 맥락에서, 현재는 튀르키예의 영토가 된 지역에서 고유한 아르메니아 역사와 문화를 튀르키예의 것으로 포장하려는 '역사적 문화적 대학살'이 지금도 진행 중이다.

1001개의 교회들로 번창하던 코카서스의 거룩한 도성, 애니(Ani)

필자가 아르메니아의 수도인 예레반에 있는 숙소에서 직원으로 일하는 한 여성의 이름이 애니(Ani)라서 그녀에게 그 이름의 유래를 물었더니 역사적인 지명인 애니에 대하여 막힘없이 설명하는 것을 보고 놀랐다. 전통적으로 아르메니아 사람들은 딸이 태어나면 애니라는 이름을 자랑스럽게 붙여 왔다고 한다. 그래서 사람들이 많이 모이는 중심가에서 '애니'라고 부르면 상당수의 여성들이 반응할 정도라고 한다. 역사적 정체성을 소중히 여겨온 아르메니아 사람들에게 애니는 민족적 자긍심이다. 얼마 전까지만 해도 폐허로 방치된 애니 유적지에서 어떤 사람들이 얼쩡대다가 아르메니아 군인들이 쏜 총탄에 맞기도 했다고 한다. 아르메니아어로 악후얀강(Akhuryan River, 튀르키예어로 아르파카이)을 사이에 두고 아르메니아와 튀르키예의 국경이 그어져 있는 관계로 애니를 튀르키예에 빼앗긴 아르메니아 입장에서는 분노가 치밀어 오르고 굉장히 민감할 수밖에 없는 현실이다. 그만큼 애니는 동서양을 잇는 중계무역의 중심지로서 아르메니아가 세계적인 주목을 받았던 소중한 장소였고 기독교 국가의 위상을 드높였던 코카서스의 예루살렘이었다.

실크로드의 교차로, 애니(Ani)

애니는 중세시대 중반기에 번성했던 아르메니아 바그라티드(Bagratid) 왕조의 수도로 명성을 얻었다. 당시 애니가 실크로드의 교차로에 위치하고 있었기 때문에 활발한 동서 간의 교역을 통해 부와 명성을 얻었다. 특히 바그라티드 왕조의 아숏 3세(Ashot III)는 비잔틴 제국과 아랍 제국들로부터 '제왕 중의 제왕'이라는 최고의 칭송을 받을 정도로 영향력과 명성이 자자하였다. 애니가 지정학적으로 경제적으로 중요한 위치를 점하고 있었기 때문에 주변 강대국들의 표적이 되었다. 11세기에 들어서서 애니는 비잔틴 제국에 병합되기도 했으며, 다음으로 이슬람인 셀죽 세력에 의해 점령되기도 했다. 원래 기독교권인 아르메니아 영토였던 애니를 되찾기 위해 조지아와 아르메니아 연합군이 합세하여 통치권을 확보함으로 1세기 이상에 걸쳐서 황금기를 구가하였다. 하지만 몽골의 침략으로 타격을 입게 되었고, 설상가상으로 지진으로 큰 피해를 입었으며, 그런 틈을 타서 애니를 대체하는 교역도시들이 생겨남으로 이곳은 점점 폐허가 되어 갔다.

현재진행형인 역사적, 문화적 대학살

최근 들어 애니를 발굴하고 복원하려는 시도들이 대대적으로 진행된 결과로 과거 전성기 때의 윤곽이 드러났다. 아르메니아인들에 대한 대학살로 인하여 여전히 껄끄러운 관계에 있는 터키와 육로를 통한 왕래가 불가능하기 때문에 애니(Ani)를 방문하기 위해서는 터키 이스탄불 공항에서 국내선을 타고 애니 근처의 공항인 카스(Kars) 공항으로 이동한 후 현지 전문 가이드의 안내를 받는 것이 보편적이다. 이 항공편은 하루에 2-4회 운영되고 왕복 항공료가 100불 전후한다. 아르메니아와 터키의 오랜 숙원 때문에 육로로 이동이 불가능하기 때문에, 조지아의 수도인 트빌리시에서 출발하여 터키의 투르크고주(Turkgozu) 국경 검문소를 통과하는 루트로 애니까지 간다면 대략 6시간 전후가 소요된다. 물론 각자의 재량에 따라 다른 방편들도 마련할 수 있음이다. 아르메니아 국경에서 강 건너 보이는 애니의 모습을 바라보는 아르메니아 사람들의 심정이야말로 굉장히 뼈아프고 분노가 솟구치며 처절하게 슬픈 현실이다. 게다가 터키가 애니를 비롯한 아르메니아 유산들을 자신들의 것으로 왜곡하려는 '역사적, 문화적 대학살'을 자행하고 있으므로 양국 간에 깊게 파인 감정의 골이 쉽게 아물 수 없는 형국이다.

구슬픈 아르메니아 아리랑

필자가 예레반 외곽에 자리 잡은 아르메니아 대학살 추모 공원 및 박물관을 방문했을 때 스피커를 타고 흐르는 슬픈 선율이 마음을 숙연하게 만들었고 깊은 슬픔을 느끼도록 했다. 예레반과 그 주변의 어디를 가든 항상 웅장하게 보였던 아라랏산이 대학살 추모 공원에서 위령탑 사이로 볼 때는 왜 그리 슬퍼 보이는지 만감이 교차하였다. 이런 아픔과 복잡한 현실 속에서도 아르메니아 사람들은 딸들의 이름에 애니(Ani)를 붙여서 조상들의 유산들을 기억하고 아끼고자 하는 마음을 한결같이 견지하고 있기 때문에 필자의 고개가 저절로 숙연해졌다.

실크로드의 거룩한 도성, 애니(ANI)를 가다 1

잃어버린 역사를 찾아서

지난해에 연재했던 '세계 최초의 기독교 국가를 가다' 시리즈를 통하여 아르메니아에 대하여 소개한 바 있다. 필자는 아르메니아가 유대인들의 이스라엘이나 한국과 너무나도 유사한 경험들을 가지고 있다고 언급하였다. 지난 시리즈 가운데 한 편의 글에서 코카서스의 예루살렘, 애니에 대하여 간략하게 소개하였다. 아르메니아에서 여아가 태어나면 가장 많이 지어주는 이름이 애니(ANI)일 정도로 민족적 자긍심 그 자체였다. 하지만 애니가 아르메니아 땅이 아닌 튀르키예에 속해 있고 그 이름의 가치와 명성에 비하여 알려진 바가 그리 많지 않아 보였다. 그때부터 시간 되는 대로 애니에 관한 자료들을 수집하고 연구하기 시작하였다. 그리하여 두 가지 결론에 도달하였다. 하나는 애니에 잠재된 교회 역사가 여전히 지하에서 빛을 보지 못하고 있다는 점과, 다른 하나는 애니에 대한 역사적 조명이 굉장히 느리거나 의도적으로 늦추거나 간과되거나 왜곡되거나 의도적으로 말살되고 있다는 사실이다. 사필귀정을 사명으로 교회 역사란 기억하는 것이라고 가르치며 연구해 온 필자로서는 애니를 심도 깊게 다루어 보아야겠다는 동기부여와 함께 사명감이 불일듯 솟구쳤다. 혹자는 한국과 연관된 교회 역사도 아닌데 무엇 때문에 그리 하느냐고 물을 수 있다. 상식적이고 극히 당연한 답이지만 그래도 한 번은 제대로 짚고 넘어가야 할 듯하여 답하려 한다. 주님의 피로 값 주고 사신 교회는 주님이 머리 되시며 우리는 지체가 된다. 세계 어디든 교회와 관련된 국가와 민족이라면 결코 '남'이 될 수 없다. 영적으로 우리 피붙이의 이야기, 즉 나의 부모요 형제자매와 같이 우리와 직결되는 것이다. 더군다나 나의 혈육이 제대로 빛도 못 보고 그 생명력이 지하에서 음지에서 신음하고 있다면 가만히 두고 볼 수만은 없는 일이 아닌가!

볼 만한 것이 아니라 생명의 의미를 찾아서

1001개의 교회들과 40개의 문들로 장관을 연출했던 애니가 오랜 세월 동안 방치되고 잊혀서 현재에 이르렀기 때문에 분명히 볼 만한 것을 기대하기는 무리일 것이라고 생각하였다. 필자가 오랜 세월 동안 교회 역사 현장들을 방문해 본 경험으로 볼 때, 풀 한포기 돌멩이 하나에 담긴 의미가 더 가치 있어 왔다는 사실이다. 더군다나 애니를 찾아가는 과정도 만만하지 않았다. 단일 건물로는 세계에서 가장 규모가 크다고 알려진 터키의 이스탄불 공항에서부터 난관에 부딪혔다. 공항이 워낙 넓어서 한참을 도보로 이동하여, 애니의 관문인 카스(Kars) 공항으로 출발하는 국내선 항공기의 탑승구 배정을 기다리고 있었다. 시간이 되어도 탑승구 배정이 안 되고 한 시간 정도 지체되었다. 이윽고 시간이 좀 더 흐른 후 탑승구 배정이 되고 비행기에 자리했다. 거의 만석에 가까울 정도로 탑승객들로 기내가 가득 찼다. 그때 기장의 안내방송이 터키어로 그리고 영어로 전해졌다. 기상악화로 해당 항공 운항이 취소되었다는 것이다. 얼마나 허탈하고 어이가 없던지 별의별 생각이 뇌리를 스쳐지나 갔다. 이대로 애니로 가는 여정을 포기해야 하는가? 정녕 애니가 나의 방문을 반기지 않는 것인가? 순간 포기할까 하는 생각도 들었다. 그러다가 이내 마음을 다 잡고 다음 날 출발하기로 일정을 변경하였고 동시에 항공사 직원으로부터 파격적인 제안을 받았다. 자연재해와 같이 항공기 결항 요인이 운항사 책임이 아닌데도 불구하고, 고급 호텔에서의 무료 1박과 함께 저녁식사, 다음 날 아침식사, 그리고 셔틀버스까지 일체를 제공해 준다는 것이었다. 이번 항공권을 구입할 때 지출했던 경비의 몇 배나 더 많은 금액에 해당하였다. 주님께서 극적인 반전을 통하여 애니로 가는 여정에 서광을 비추어 주시며 축복을 베푸시는 것 같았다. 이 반전의 하루가 얼마나 꿀맛 같은 휴식이었는지 모른다.

정치적, 종교적, 문화적 갈등의 현장에서

우여곡절을 겪으며 카스(Kars) 공항에 도착한 직후에 또 다른 복병이 등장했는데 바로 언어 소통의 문제였다. 외국인들을 직접적으로 대면해야 하는 사람들조차도 영어로 대화가 쉽지 않았다. 세계 곳곳의 기독교 역사 현장을 다녀 본 필자의 경험으로는 미국식 영어보다 영국식 영어가 더 효과적이고, 완전한 문장이 아니라 그들이 알아들을 만한 짧고 간략한 용어구사가 실용적이다. 이런 언어 문제는 어디를 가든 동일하였고, 목마른 사람이 우물판다고 아쉬운 필자가 그들의 핵심 언어를 습득하여 영어와 혼용하며 극복하였다. 아울러 세계 만국 공통의 언어인 얼굴표정과 손짓 발짓으로 소통의 난관을 헤쳐 나갔다. 정말 웃는 얼굴에 침 못 뱉는다는 말이 사실인 거 같고, 분위기 파악만 잘한다면 한 대 맞을 일도 없는 듯하다.

필자가 아르메니아와 연관된 지역들을 방문할 때마다 정치적, 문화적, 종교적, 역사적 배경을 깔고 있는 긴장들이 표출되곤 하였다. 특히 터키의 동부, 즉 아나톨리아 고원 지대의 끝자락인 국경지대에서 크고 작은 충돌이 발생하였다. 아르메니아, 아제르바이잔, 이란, 이라크, 시리아, 아프가니스탄, 그리고 국가 없는 쿠르드족 등이 얼키설키 엮여 있는 형국이다. 국가를 창설하기 위해 수단과 방법을 가리지 않는 쿠르드족은 항상 언론의 주목을 받아 왔다. 최근에는 터키의 쿠르드 노동자당(PKK) 전사들이 벌인 무력행동으로 구호단체의 직원 두 명이 납치되어 처형되었다. 이와 유사한 일들이 동부 아나톨리아 지역에서 빈번하게 발생해 왔다. 애니를 포함하고 있는 동부지역에 쿠르드족들이 많이 살기 때문에 터키 특수부대의 색출 작전도 빈번하게 목격된다. 중무장한 장갑차를 비롯하여 어디서 숨어 있었는지 터키 군인들이 나타나 의심 가는 차량들에 대하여 순식간에 검문을 한다. 필자는 생김새가 완전히 이방인이기 때문에 검문의 대상이 되지는 않는다. 하지만 이런 분위기에서 아르메니아 교회의 생명력을 찾아다닌다는 것이 결코 쉽지만은 않다.

카스에서 애니로 이어진 도로는 언뜻 보기에도 잘 포장된 듯 보인다. 하지만 막상 달려 보면 한동안 보수를 하지 않았는지 도로의 상태가 그다지 좋지 않다. 심지어 바스러진 아스팔트 조각들이 마치 총알처럼 달리는 차를 마구 갈겨댄다. 아나톨리아 고원에서 불어오는 칼바람도 큰 소리를 내며 운전자를 놀래킨다. 그나마 운전자에게 위안이라면 저 멀리 보이는 영산(Spiritual Mountain)이자 노아의 방주가 다다랐던 아라랏산과 애니(ANI)까지 얼마 남지 않았다는 표지판이다. 애니를 생각하면 식사를 하지 않아도 배고픔을 느끼지 않을 정도다.

돌들이 소리 지르리라(누가복음 19:40)

애니를 비롯하여 동부 아나톨리아 지역에 산재해 있는 아르메니아 교회 관련 유적들을 직접 관리하지 못하는 그들의 깊은 상처와 애환에는 미치지 못할지라도 필자 또한 교회사가로서 아르메니아 기독교인들과 공감하는 바가 크게 다르지 않다고 본다. 더군다나 애니를 비롯한 기독교의 소중한 유산들이 이슬람교가 국교나 다름없는 터키에 산재해 있으니 그 쓰라린 아픔은 이루 말할 수 없을 것이다. 애니에 도착하니 저 멀리 국경 너머에 아르메니아 초소가 눈에 들어온다. 아르메니아의 수도인 예레반에서 지근거리에 있는 아라갓산(Aragats, 해발 4,090미터, 아라랏산이 아님)이 손에 잡힐 듯 장관을 연출한다. 이 산은 아라랏산과 이름이 비슷하여 혼동이 되니 주의가 필요하다. 전에 아라갓산에 올랐던 경험이 있었기 때문에 거기서 내려다 본 예레반 전경과 특히 영산인 아라랏산의 위용은 쉽게 뇌리를 떠나지 않는다.

그 옛날 중세시대인 1000년 전후를 풍미했던 애니는 가히 코카서스의 예루살렘, 아니 모든 실크로드의 예루살렘이라고 불러도 전혀 손색이 없는 곳이었음을 직감한다. 애니를 말할 때 보통 '1001개의 교회들과 40개의 문들'로 구성된 곳으로 묘사된다. 참으로 천혜의 요새에 세워진 철옹성과 같다. 일단 애니를 둘러싼 성곽 내부를 기준으로 이렇게 조직적이고 계획적인 건축물이 자리하고 있었다는 사실에 입이 다물어지지 않는다. 성곽 내부는 250,000평 정도로 여의도 전체 면적과 비슷하다. 이 안에 100,000명이 살았다니 실로 불가사의한 일이 아닐 수 없다. 게다가 셀 수 없는 유동인구까지 합하면 이곳이 얼마나 번화했던 곳이었는지 짐작이 간다. 현재 발굴되는 주거지를 볼 때 인구밀도가 상당히 높았다는 사실을 알 수 있다.

애니와 관련된 시리즈를 시작하면서, 필자는 몇 가지 심각한 문제점들을 언급하고 시작하고 싶다. 1) 애니를 정복한 이슬람 세력들이 기독교 색채를 의도적으로 지우려고 노력한 흔적들이 너무 눈에 띄게 보인다는 점이다. 정복자의 입장에서는 이해할 수 있으나, 문화적 유산에 대한 관용과 포용력은 아쉬워 보인다. 2) 유엔 산하 기구나 국제적인 단체들로부터 기금을 지원받아 애니를 복구하고 보전시키는데, 애니의 진실인 기독교의 흔적들은 무시하거나 간과하고 이슬람만 부각시키려는 모습이 지나쳐 보인다. 3) 애니를 찾는 방문자들 가운데 기독교인 숫자가 월등히 많은 것이 사실이나, 이슬람을 신봉하는 터키인들도 적지 않은데, 일단의 사람들이 비매너의 태도를 보이고 심지어 기독교를 모독하는 행위들은 경악을 금치 못하게 한다. 4) 애니를 이슬람권의 전리품처럼 과시함으로 국경을 맞대고 있는, 애니의 진정한 후계자인, 아르메니아에게 자존심의 손상을 주고 있다는 것이다. 애니는 아르메니아의 성지와 같기 때문이다. 5) 국경을 맞대고 있는 아르메니아에게 과시라도 하듯 엄청나게 큰 터키 국기를 휘날림으로 세계 최초의 기독교 국가인 아르메니아의 민족적 자긍심에 생채기를 내고 있다.

필자가 생생하게 목격하고 느낀 바로는 애니가 과거의 영광스러운 흔적들을 고스란히 간직하고 있는 가운데 폐허가 된 애니의 곳곳에 널브러진 그 수많은 돌들이 기독교의 생명력을 증거하고 소리 높여 외치고 있는 듯한 우렁찬 함성이 들린다. 교회의 생명력을 찾아 평생을 떠돌아다닌 필자의 귀에는 정말로 생생하게 들린다. 그래서 혹시 제거되지 않은 지뢰들이 있을지도 모르는 구석진 곳까지 그 숨결과 돌들이 소리 지르는 엄청난 소리를 생생하게 들으며 정신없이 역사 현장을 누빈다.

실크로드의 거룩한 도성, 애니(Ani)를 가다 2

내가 애니를 둘러보면 볼수록, 애니에 대하여 연구하면 할
수록, 나에게 점점 커져 가는 것은 애니에 대한 무한한 경외
심이다
-커 포터(Kerr Porter)-

세계 최초의 기독교 국가인 아르메니아의 유구한 역사와 함께

포터(Porter)의 표현은 애니를 찾는 모든 사람들이 동일하게 느끼는 감정
이자 경탄일 것이다. 그런 애니의 잠재력은 하루아침에 이루어지지 않았
기 때문에 장구한 역사의 흐름 속에서 쌓인 정신적, 영적 유산은 측량하
기 곤란할 정도이다. 지금까지 진행되고 있는 고고학적 발굴의 결과들을
종합해 볼 것 같으면, 애니의 역사는 청동기와 철기 시대까지 거슬러 올
라간다. 아르메니아가 세계 최초의 기독교 국가가 되기 전의 흔적들, 즉
아르메니아의 고대 국가였던 우라투(Urartu) 왕국의 잔재들과 불을 숭상
하던 고대 근동의 조로아스터교와 연관된 유적들이 발견되었기 때문이

다. 애니에 관한 기록이 아르메니아 역사 기록에 등장하는 시기가 대략 5세기 어간이다. 이때는 아르메니아가 301년에 기독교를 국교로 선포한 이후 100년 이상이 지난 무렵이었다. 이 당시 애니는 일부 지역의 언덕 위에 견고한 성곽을 구축한 모습이었다고 아르메니아 연대기는 기록하고 있다.

7세기경 이슬람 사상으로 무장한 아랍족들의 확장으로 아르메니아는 기존의 체제가 붕괴되는 시련을 맞이하였다. 아르메니아에게 닥친 거국적인 시련은 국교인 기독교에 바탕을 둔 민족의식을 더욱 고취시키는 계기가 되었고, 메스롭의 주도로 탄생한 아르메니아 고유의 문자를 기반으로 유무형의 유산들을 계승하고 발전시켜 나갔다. 특히 아르메니아가 세계 최초의 기독교 국가가 되는 데 있어 결정적인 역할을 했던 조명자 그레고리의 철학과 정책대로 강력한 교육을 통하여 기독교 신앙의 정체성과 민족적 정기를 공고하게 다졌다. 특별히 아르메니아의 이런 시련은 인류 역사에 있어 큰 족적을 남겼던 애니가 화려하게 등장하게 되는 전주곡이 되었던 셈이다.

아랍족들의 확장으로 시련을 겪었던 아르메니아는 한 세기 어간에 잃어버렸던 주권을 되찾게 되었다. 비록 지방 귀족들의 발호로 중앙집권화된 정치체제는 확립하지 못하였을지라도, 가장 강력한 영향력을 행사하던 아르쯔루니(Artzruni) 왕조와 바그라티드(Bagratid) 왕조를 중심으로 구심점을 마련하였다. 애니가 중세 시대에 역사의 무대에 우뚝 서서 세계적인 조명을 받게 된 데는 바그라티드 왕조의 형성과 발전이 절대적이었다.

하나님이 지명하여 부른 사람들

애니(ANI)와 바그라티드 왕가는 불가불리의 관계일 정도로 밀접하다. 바그라티드라는 말의 어원을 찾다 보면 하나님이 '지명하여 부른'이라는 의미가 눈에 띈다. 이 어원이 시사해 주는 바와 같이, 바그라티드 가문의 사람들은 처음부터 마지막까지 하나님이 자신들에게 주신 사명을 훌륭하게 감당했다. 바그라티드 왕가의 사람들은 왕과 왕비 등 모든 왕실 가족들이 하나님의 교회를 받들어 섬기는 데 헌신하였다. 그들은 크고 작은 교회들, 수도원들, 학교들, 그리고 기독교 관련 건축물들을 지어서 봉헌하는 일에 최선을 다했다. 현재 터키의 동부 아나톨리아 전지역, 아르메니아, 조지아, 아제르바이잔, 이란의 일부, 이라크의 일부 지역 등을 아우르는 대아르메니아(Greater Armenia) 영토에 산재한 교회당과 수도원들 다수가 바그라티드 왕조의 사람들이 앞장서서 일구어 낸 유산들이다. 중세 시대에 여타의 나라들과 같이, 아르메니아의 바그라티드 왕가가 봉헌했던 수많은 교회들과 수도원들이 예배의 장소, 학교, 사회복지 기관, 각종 회의장, 병원 등의 용도로 다양하게 사용되면서 위대한 국가의 구심점이 되었다. 바그라티드 왕가의 군왕들 가운데서도 애니를 중심으로 아르메니아의 황금기를 이끌었던 인물들은 세 명이다~아숏 3세(Ashot III), 셈밧 2세(Smbat II), 그리고 가직 1세(Gagik I).

자애로운 통치자, 아숏 3세(Ashot III, 953-977 재임)

아숏 3세는 애니를 실크로드의 명소이자 세계의 주목을 받는 장소로 만들었던 인물이다. 그는 아르메니아 국가를 위해서 뿐만 아니라 동서양의 교차로로써 더할 나위 없이 중요한 곳으로 간파하여 애니를 새로운 수도로 낙점하였다. 아숏 3세의 천도 계획은 향후 전개될 애니의 무한한 잠재력을 일깨우는 위대한 시작이 되었다. 그는 애니 강과 악후리안강 사이에 위치한 애니의 지정학적 위치가 왕국의 수도를 방어하고 번창시키는데 있어 안성맞춤이라는 생각을 하였다. 그는 왕국의 역량을 총동원하여 애니가 코카서스의 예루살렘, 실크로드의 예루살렘이 되는 과정에서 든든한 초석을 마련하였다. 아숏 3세는 비잔틴 제국을 도와서 메소포타미아에 산재한 이슬람 세력들을 약화시킴으로 애니가 실크로드의 중심지가 되도록 심혈을 기울였다. 물론 바그라티드(하나님이 지명하여 부른)라는 이름이 함축하고 있는 뜻이 매우 고귀하기는 하지만, 왕실의 사람들이 대를 이어 예외 없이 주님의 몸 된 교회를 받들어 섬긴 점은 전무후무할 정도로 경이로운 일이 아닐 수 없다. 그들을 알면 알수록 그들의 끝을 모를 헌신에 유구무언이 될 수밖에 없고 머리가 절로 숙여진다.

왕국의 수도를 애니로 옮겼던 아숏 3세는 기존에 있던 소규모의 성곽을 확장하여 중간중간에 7개의 타워들로 구성된 외곽을 완성하였다. 각 타워에도 교회가 있어서 거룩한 도성을 방불케 하였다. 아숏 3세의 성곽을 중심으로 초기의 건축물들이 들어섬으로써 구시가지가 형성되었다. 고고학적 발굴에 의할 것 같으면, 초기의 성곽들과 근접한 곳에서 발굴된 주거지는 가장 가난한 사람들이 살았던 집들로 추정된다. 왜냐하면 그 주거지에서 발굴된 생필품들에서 부유한 상인이나 예술가들의 흔적이 없었기 때문이다. 그렇다고 할지라도 자애로운 군왕으로 명성이 자자했던 아숏 3세가 애니에 거주하던 가난한 시민들을 배려하여 주거지를 마련했던 점은 신앙심에 바탕을 둔 그의 심성을 여과 없이 드러낸 흔적이라 할 수 있다. 적어도 애니로 들어온 그 어떤 사람들도 무주택자로 살지 않았다는 말이다. 자애로운 왕은 이런 작은 배려뿐만 아니라 애니가 대아르메니아의 수도답게 기념비적인 건축물들로 도성을 채워 나갔다. 그의 왕비는 현재 유네스코 세계 문화유산으로 지정된 사나힌(Sanahin) 수도원과 헤그파트(Haghpat) 수도원의 건립에 지대한 공헌을 하였다.

아숏 3세가 도읍을 애니로 옮겨서 자신의 이름을 딴 성곽을 수축하고 수많은 건축물들을 지을 때만 하더라도 애니에서 바라보는 모든 지역이 대아르메니아의 영토였기 때문에 참으로 가관이었을 것이다. 하지만 필자가 동일한 곳에서 바라본 현재의 모습은 구슬픈 아르메니아의 아리랑이 연상될 정도로 애잔하다. 악후리안강이 흐르는 소리는 성지를 잃은 아르메니아 기독교인들의 통곡과 눈물로 보이니 말이다. 게다가 동부 아나톨리아 고원지대에서 세차게 불어오는 바람 소리 또한 애니를 거쳐 갔던 무수한 증인들의 함성소리로 들린다. 지난번 글에서 애니에 산재한 돌들이 소리를 지르고 있다고 묘사했던 것처럼, 유유히 흐르는 강물이나 여전히 동일하게 불어오는 바람소리도 거룩한 도성 애니의 생명력을 외치는 증인들의 선포로 느껴진다. 비록 애니(ANI)의 진정한 후계자들인 아르메니아 기독교인들이 저 멀리 국경 너머에서 잃어버린 성지를 애달프게 바라볼 뿐일지라도, 그들 또한 돌들이, 바람이, 강물 소리가 크게 외치며 증언하는 거룩한 도성의 실존을 알기 때문에 여유를 가지고, 아니 위대한 소망을 가지고 애니를 바라보지 않을까 생각한다. 왜냐하면 강대국들에게 패할지언정 굴복하지 않았고, 빼앗길지언정 그 정신과 유산을 잃지 않았던 아르메니아 기독교인들의 기상이 여전하기 때문이다. 그런 견지에서, 필자가 처음에 가졌던 슬픈 감정은 어느새 기쁨으로 변하여 맑고 푸른 하늘, 선명한 아라갓산의 위용, 그리고 영산이자 노아의 방주가 도달했던 아라랏산의 웅장함을 소망으로 느낀다.

실크로드의 거룩한 도성, 애니(Ani)를 가다 3

애니를 빨리 보고 싶다는 간절한 마음 때문에 나는 밤새 한
잠도 자지 못했다.

-윌리엄 해밀턴(William Hamilton)-

1001개의 교회로 명성을 떨쳤던 애니를 떠나는데 아라랏산
에서 불어오는 거센 바람과 구름 사이로 천둥번개가 하늘과
땅을 연결하며 번득였다. 오랜 세월 동안 애니는 그 자체로
자신의 휘황찬란한 영광과 위대함을 과시하는 듯하였다. 어
느 누구도 감히 한마디의 말도 하지 못한 채 애니의 장엄함
에 압도되고 있었다.

-존 마리너(John Marriner)-

시공간을 초월하는 애니의 생명력

필자가 애니에 대한 글을 시작한 지 벌써 반년이 다 되어 간다. 그동안 여

러 가지 일에 집중하느라 세월이 이렇게 흘러갔다. 애니에 대하여 잊은 듯 지냈던 몇 개월 동안에도 마음 한 켠에는 항상 무언가가 꿈틀거리고 있었다. 역사는 죽은 것이 아니라 역사가의 손을 빌려 강한 생명력을 이어 가기 때문이리라. 애니에 대하여 약간의 지식이라도 있는 사람이라면 윌리엄 해밀턴의 마음을 충분히 헤아리고도 남는다. 애니를 경험한 이들은 존 마리너의 표현이 과하지 않다는 사실에 동의하며 가슴이 먹먹해지기까지 한다. 그만큼 애니는 역사의 흐름 속에서 그 강인한 생명력을 발산해 오고 있다는 말이다. 애니의 신비한 생명력은 2022년 최근 두 달 여만 보더라도 방문자의 숫자가 4만 명 이상을 상회하는 것만으로도 충분히 가늠할 수 있다. 코로나의 규제가 서서히 완화되어 갔던 2021년 전체를 통틀어 6만 명 정도가 애니를 찾았던 사실에 비하면 최근의 통계는 가히 폭발적이라고 하겠다. 사실 애니가 튀르키예의 동쪽 끝, 즉 동부 아나톨리아의 구석 한 켠에 자리하고 있기 때문에 기하급수적인 방문객의 증가는 애니의 생명력에 끌리는 것이라고 밖에 달리 설명이 쉽지 않다. 그래서 역사는 역사를 부르고, 생명은 생명을 부른다라고 필자가 한결같이 주장하는 것이다. 이 말은 역사가 살아 있는 생명이기 때문에 역사가 있는 곳에 생명을 가진 사람들이 끌림을 받는다는 의미이다.

하나님 나라의 건설자들

애니로 끌리는 탁월한 매력의 요인은 하나님이 특별히 지명하여 부른 사람들, 즉 아르메니아의 바그라티드 왕가의 헌신과 사명 때문이다. 이미 살펴보았던 대로, 애니를 실크로드의 예루살렘이자 코카서스의 성지로 자리매김을 하도록 기초를 놓은 인물이 바로 아숫 3세였다. 그는 아르메니아의 수도를 애니로 옮기며 성곽을 비롯하여 각종 건축물들을 세워서 국제도시로써의 면모를 갖추도록 최선을 다했다. 아숫 3세가 자애로운 왕으로서 명성이 자자하여 애니로 들어오는 그 어떤 사람도 집이 없어 설움을 겪지 않도록 세심하게 배려하였다. 그는 동서양을 오가는 다양한 인종의 사람들에게 기독교의 절대성을 각인시킴과 동시에 하나님이 통치하시는 천상의 나라가 애니에 그대로 실현되고 있음을 생생하게 증명해 보였다. 중세시대 아르메니아의 황금기를 이끌었던 아숫 3세는 자신을 이어 왕이 되었던 심밧 2세(Smbat II)와 후사가 없던 형을 이어 왕관을 썼던 가직 1세(Gagik I) 등의 제왕들을 만들어 냈던 훌륭한 아버지이기도 했다. 아숫 3세의 자애로운 성품은 자식들이 권력을 두고 피 튀기는 투쟁을 벌이는 것이 아니라 위계질서 속에서 기독교적인 형제애를 구현하도록 만들었다. 그의 신앙에 근거한 행동 하나하나가 애니를 실크로드에 실현된 하나님의 나라 즉 거룩한 도성이 되도록 튼튼한 기초들을 놓았던 것이다.

아숫 3세가 주후 977년에 죽자 그의 아들인 심밧 2세가 왕위를 계승하였다. 아르메니아 역사가들은 이 새로운 왕에게 '정복자' '우주의 마스터' 등의 별칭을 부여하였다. 부친인 아숫 3세가 기독교 국가요 로마 제국의 후예인 비잔틴 제국과 손을 잡고 이슬람 세력들을 제압하는 등 군사행동을 더 많이 했음에도 불구하고 역사가들이 부왕에게 '자애로운'이라는 수식어를 붙여준 것과는 너무나 다른 모습이었다. 사실 심밧 2세의 통치기는 전쟁이 없이 평화의 시대였다. 어찌 보면 심밧 2세의 탁월한 정치력이 빛을 발하여 이슬람권과의 불필요한 마찰을 피하였고, 권력투쟁의 가능성이 가장 많았던 동생 구루겐(Gurgen)과 협치를 펼침으로 내외적인 위험 요소들을 미연에 방지하였다. 심밧 2세가 여타의 정복자들과 같이 무력을 동원한 강압으로 다른 나라들을 굴복시킨 것이 아니라, 완력을 배제한 채 정치수완을 발휘하여 피한방울 흘리지 않고 외세의 침략을 막았고 형제들 간에 벌어질 수 있었던 내란의 불씨를 제거하였기 때문에 아르메니아 역사가들이 이러한 별칭들을 부여했던 것으로 보인다.

교회 없이 애니 없다(No Church, No Ani)

실크로드의 거룩한 도성, 애니의 기초를 놓았던 아숫 3세도 교회를 중심으로 도시를 건설해 갔으며 모든 건물마다 크고 작은 교회들이 적절히 들어가도록 설계하였다. 1001개의 교회들로 장관을 연출했던 애니는 교회 중의 교회가 애니의 심장부에 있었는데, 그 교회가 바로 애니 카세드럴(Cathedral of Ani, 대교회)이었다. 나라의 수도가 애니로 옮겨짐에 따라 홍수 이후 노아가 정착했다고 전해지는 바가르샤팟, 즉 에치미야진에 있던 아르메니아 사도 교회의 본부도 애니로 이전하였다. 이 애니 카세드럴이 아르메니아 사도 교회의 영적인 중심이 되었다. 애니가 황금기를 구가할 때인 주후 1000년 어간에 약 600명 전후의 성직자들이 상주하며 조력자들과 함께 1001개의 교회들을 돌보고 있었다. 교회가 중심이었던 애니로 사람들이 몰려들면서 폭발적인 인구증가를 경험하게 되었는데 적게는 100,000명 정도이고 많게는 200,000명 정도로 급팽창하였다. 여기에 국제적으로 오가는 유동인구까지 포함하면 애니의 규모가 어머어마했었다는 것을 짐작하고도 남는다. 기독교가 국교였기 때문에 1001개의 교회들은 애니의 거주민들뿐만 아니라 유동인구들 중에 기독교인이거나 기독교에 관심 있는 사람들까지 모두 수용함으로 차고 넘쳤을 것이다.

애니를 애니 되게 만들었던 교회들 중에서도 중심 교회였던 애니 카세드럴은 989년에 삼밧 2세에 의해 건축이 시작되었다. 부친 아숏 3세의 뒤를 이어 약 12년의 재임 기간 동안 애니의 황금기를 이끌었던 두 번째 왕인 삼밧 2세가 회심 차게 시작했던 애니 카세드럴은 공교롭게도 그의 죽음과 함께 건축이 중지되는 위기를 맞기도 했다. 당대뿐만 아니라 후대에도 칭송을 받았던 심밧 2세의 죽음은 부친 아숏 3세부터 꽃을 피우기 시작했던 애니의 황금기에서 참으로 안타까운 손실이 아닐 수 없었다. 하지만 부친의 자애로움과 심밧 2세의 포용성이 결실을 맺으면서 동생인 가직 1세가 평화롭게 대통을 이어받게 됨으로 이 삼부자를 통하여 애니는 세월이 지나도 꺼지지 않는 생명력을 역사의 흐름 속에 띄워 보냈던 것이다. 면면히 흐르는 역사를 거치면서 애니를 경험했던 모든 이들이 한결같이 진술하는 공통어가 바로 '생명력'인 이유가 여기에 근거한다.

하나님이 주신 선물

조물주가 아르메니아에게 아름다운 돌을 선물로 주었다고 전해진다. 그런 연유 때문에 역사적으로 아르메니아는 돌을 다루는 기술에서는 타의 추종을 불허할 정도였다. 필자가 이미 여러 번 언급했던 대로, 애니는 예나 지금이나 돌 천지다. 애니의 황금기였던 주후 1000년을 전후해서는 잘 다듬어진 돌들로 교회를 비롯한 건물들이 지어졌다. 포용성이 탁월했던 심밧 2세가 시작했던 애니 카세드럴도 마찬가지였다. 심밧 2세는 당대 최고의 건축가였던 티르닷(Trdat)에게 이 기념비적인 건축의 책임을 맡겼다. 건축가 티르닷은 천상의 선물인 돌을 다루는데 있어서는 당대 최고의 인물들 중 하나였다. 그는 아숫 3세가 애니로 수도를 옮기고 대대적인 건축이 진행되는 과정에서부터 직간접적으로 관여하였다. 건축가 티르닷이 이룬 업적 가운데서 단연 돋보이는 건축물이 바로 애니 카세드럴이었다. 애니 카세드럴의 대역사가 시작되어 활기차게 진행되던 와중에 심밧 2세가 죽음을 맞이하여 공사가 중지되는 위기를 맞았다. 이때 마침 989년 같은 해에 비잔틴 제국의 수도인 콘스탄티노플에서 지진이 발생하여 아름다운 소피아 카세드럴이 피해를 입게 되면서 티르닷이 그 보수공사에 대표적인 건축가로 참가하게 되면서 또 다른 이력을 역사에 남겼다. 애니의 황금기를 이끌었던 아르메니아 바그라티드 왕가의 삼부자 제왕들(아숫 3세, 심밧 2세, 가직 1세)과 함께 건축가 티르닷의 천재성은 당시 유행하던 바실리카 양식을 뛰어 넘어 영산인 아라랏산을 연상케 하는 독특한 구조를 연출해 냄으로써 도드라졌다. 아르메니아가 노아의 홍수 이후 아라랏산을 기점으로 시작된 신인류의 직계라는 자부심이 대단하였기 때문에 모든 교회의 건축물에 영산이 올려진 구조가 특징이다. 아울러 중세 후기에나 등장하는 고딕 양식이 몇백 년 전인 중세 1000년 어간에 애니 카세드럴 등 아르메니아의 교회 건축물에서 이미 시작되었다는 사실이다. 그 중심에 천재 건축가 티르닷이 있었다.

무식한 민족주의

1001개의 교회로 번성했던 애니에서 교회 중의 교회였던 애니 카세드럴
은 온갖 역사의 풍랑 속에서도 비교적 원형 그대로의 모습을 간직하고 있
다. 건축된 지 천 년이 넘는 세월을 버텨 온 데에는 천재 건축가 티르닷
의 공헌이 가장 컸다고 할 수 있다. 역사의 소용돌이 속에서 애니는 자연
재해인 지진을 비롯하여 실크로드를 강타했던 유목민족들의 침략과 약
탈, 그리고 파괴까지 꿋꿋하게 견디어 왔다. 더군다나 기독교와 앙숙인
이슬람권의 증오에 찬 만행들은 애니가 이미 역사에서 흔적도 없이 사라
졌어도 이상하지 않은 만큼 가혹하였다. 지금도 애니 카세드럴을 둘러보
면 기독교적인 표식들을 지우려고 애쓴 흔적들을 어려움 없이 볼 수 있
다. 이슬람 신봉자들에게는 징글징글한 기억이겠지만, 애니에 깊게 스며
든 기독교를 지우려고 아무리 애를 써 봐도 결국에는 지우기를 포기할 수
밖에 없었다는 사실이다. 애니에 차고 넘치는 돌들 하나하나에 깊게 새
겨진 기독교 문양들을 모두 지울 수 없었기 때문이다. 그래서 궁여지책
으로 이슬람권이 한 일은 건물을 무너뜨리고 파괴하고 그 돌들을 사적으
로 마구 사용하고 길에 깔아서 짓밟고 다니는 것이었다. 사실 이런 행위
들도 용납하기 힘들지만 백번 양보하여 한심한 웃음을 지으며 넘긴다고
치자.

하지만 최근 들어서 2020년과 2021년에 코카서스의 이슬람권인 아제르바이잔까지 참석하여 튀르키예의 민족주의 정당이 애니 카세드럴에서 이슬람 기도회를 열거나 자신들의 종교를 과시하는 콘서트를 실시간 생중계로 방영했던 모습은 무식한 민족주의라고밖에 달리 표현할 말이 없다. 튀르키예 내에서도 지지기반을 잃어가던 그들의 행위는 자국에서 더 큰 비난을 받았다. 애니 전체가 유네스코 문화유산으로 등재되어 전 세계가 애니의 기독교적 정체성에 주목하고 있는 와중에서, 그것도 아르메니아 사도 교회의 영적 유산으로 알려진 애니 카세드럴에서 자행한 무식한 민족주의자들의 행위는 1차 세계대전 당시 아르메니아 대학살을 연상시킬 정도의 문화적 종교적 대학살과 다를 바 없었다. 이런 무식한 행동에 대하여 아르메니아 사도 교회의 수장이 강력한 항의 성명을 발표한 것만 보아도 그 심각성이 얼마나 큰가를 알 수 있다. 이런 무식한 민족주의의 일그러진 모습들이 터키에서 그리고 한참 침략 전쟁을 벌이고 있는 러시아에서 공공연하게 노출되고 있는 현상이 참으로 한심할 따름이다.

실크로드의 거룩한 도성, 애니(Ani)를 가다 4

아르메니아인들이여, 애니를 불쌍히 여기소서,

당신들의 애니를 보소서, 당신들은 애니를 보고도 자비심이 생기지 않을 정도로,

애니가 얼마나 슬픈지 모른다는 말입니까?

애니를 보면서도 눈물이 나지 않나요?

애니가 경험하고 있는 통곡과 두려움의 나날들 속에서,

애니의 눈은 흐르는 눈물로 장님이 되었고,

항상 애니는 고아처럼 홀로 남겨져 외로움에 치를 떨고 있으며,

작은 행운조차 애니를 외면하고 말았습니다.

천하를 호령했던 애니는 많은 것을 잃었고,

이제는 부엉이들이 애니의 하늘을 날며 주인인 양 행세를 하면서,

부엉이들이 말하기를 '애니의 찬란한 영광은 사라졌고, 고아처럼 버려졌다고'

나는 애니인데, 한때 사람들로 넘쳐 났었지만,

지금 나 애니는 그저 쓰라린 폐허일 뿐입니다.

애니의 통곡, 탄식, 슬픔,

어미 잃은 고아와 같습니다.

한때 나 애니는 타의추종을 불허할 정도로,

동방을 대표하는 위대한 도시였습니다.

이제 나 애니는 폐허가 되어 땅에 나뒹구는,

홀로 주저앉아, 큰소리로 울고 있을 뿐입니다.

아르메니아인들이여, 당신들은 와서 보았고 이제 떠나려 하네요.

당신들도 하염없는 눈물을 흘리며 애니와 작별인사를 하는군요.

당신들이 영산인 아라랏의 정상에 오를 때,

신령한 산에 임재하신 하나님께 부디 애니를 잊지 말아 주십사 전해 주시기 바랍니다.

영산인 아라랏에 강림하신 하나님께,

불쌍한 애니가 폐허가 되어 울고 있다고 아뢰어 주십시오.

언제쯤 애니에게 다시 한번 기회를 주시어,

더 이상의 눈물을 흘리지 않아도 되는지도 여쭈어 주십시오.

-19세기 무명의 아르메니아 시인-

역사는 역사를 부르고, 생명은 생명을 부른다

지난번 글에서 잠시 설명했듯이, 역사는 살아 숨 쉬기 때문에 그런 생명력에 이끌리는 사람들이 생명의 부름에 응답하여 역사와 호응한다는 것이다. 교회 역사의 사명이자 궁극적인 목적은 기억함이다. 아무리 오래된 역사라도 죽지 않는 이유는 역사와 함께 생명력을 공유하며 호흡하는 사람들이 기억함으로 사멸되지 않고 여전히 살아 숨 쉬기 때문이다. 기억함으로 살아 있는 역사가 되지만, 반대로 망각하고 왜곡하고 간과함으로 역사의 생명력에 치명적인 위해를 가하게 된다. 19세기 아르메니아의 무명 시인은 노아의 방주가 도달했던 아라랏산을 신적 임재의 상징으로 묘사하면서 애니를 의인화하여 하나님의 자녀처럼 운율에 담았다. 무명의 시인이 서글프게 읊조린 대로 애니가 폐허로 남겨진 상황이기 때문에 탄식과 통곡의 분위기로 보일지 모른다. 하지만 시인이 애니가 동방을 대표하던 위대한 도시로서 수많은 사람들로 넘쳐 났었던 사실 때문에 깊은 탄식과 비통함에 빠진 점에 주목할 필요가 있다. 시인이 영산인 아라랏산을 향하여 탄원하는 내용도 의미심장하다. 종합해 보면 동방의 위대한 거인인 애니가 쓰러져 있는 듯 보이지만 숨통이 멎지 않고 여전히 호흡하고 있다는 말이다.

애니가 포효하다

애니로 들어가는 입구 중에 가장 유명한 문이 사자의 문, 즉 라이언 게이

트이다. 그 문을 통과하여 오른쪽 벽 위를 보면 사자 한 마리가 조각되어 있다. 이 사자 벽 조각은 애니의 위상을 가감 없이 보여 준다고 하겠다. 애니가 바로 동물의 왕인 사자와 같이 동방을 향해 포효하며 자신의 진가를 드높였다. 아숏 3세가 애니의 기틀을 놓았다면, 그의 아들 심밧 2세는 12년 어간의 짧은 재임 기간 동안 최선을 다하여 애니의 내실을 기했고, 아숏 3세의 아들이자 심밧 2세의 형제인 가직 1세(Gagik I)는 잘 다져진 기틀 위에서 만방을 향해 애니의 위엄을 알리며 포효하였다. 애니의 최전성기를 이끌었던 가직 1세 또한 바그라티드 왕가의 전통, 즉 하나님이 특별하게 지명하여 부른 사람들답게 애니를 이 땅에 임한 거룩한 도성이 되도록 헌신하였다. 가직 1세는 아르메니아를 세계 최초의 기독교 국가로 자리매김하는 데 결정적인 역할을 하였던 조명자 그레고리로부터 많은 영감을 받은 듯 보였다. 왜냐하면 조명자 그레고리와 같이 가직 1세도 아르메니아의 전통적인 강점들, 즉 고유한 문자와 체계적인 교육을 바탕으로 십만 명을 상회하는 강력한 군사력을 바탕으로 외연을 확장하였고 동시에 내연을 튼실히 다졌기 때문이다. 필자가 '세계 최초의 기독교 국가를 가다'를 통하여 밝혔던 대로, 아르메니아가 속전속결로 최초의 기독교 국가가 되었던 배경에는 조명자 그레고리가 전권을 가지고 교육으로 기독교적 기틀을 다지면서 군사력을 활용하여 이교세력들을 단숨에 제압하였기에 가능할 수 있었다. 가직 1세는 그런 조명자 그레고리를 흠모하였음이다.

하늘과 땅이 맞닿은 거룩한 도성

가직 1세는 최전성기의 제왕답게 애니를 대표하는 애니 카세드럴을 완성하였고, 천재 건축가 티르닷과 함께 애니의 위상에 걸맞은 교회당들을 건축하는 데도 열성을 다하였다. 그는 아르메니아를 강국으로 이끄는 데 초석을 놓았고 자신에게 무한한 영향을 주었던 조명자 그레고리도 기념할 뿐만 아니라 자신의 치적도 빛나게 해 줄 대형 교회당을 건축하였다. 조명자 그레고리를 기념하는 가직 1세 교회를 보았을 때 필자는 생각보다 크고 장엄하며 위대함 그 자체였다고 기억한다. 언뜻 보기에는 단순히 가직 1세 교회가 원통형으로 되어 있어 규모가 크지 않고 단순할 것이라고 생각했었다. 하지만 막상 내부로 들어가 보니 반석과 같은 돌 하나하나의 크기에 입이 다물어지지 않았다. 그런 큰 돌판들이 셀 수 없이 서 있거나 바닥에 엎어져 있었다. 내부에서 한 바퀴 도는 데도 거리가 제법 되었고 밖으로 나와서 원형의 모형대로 걸으니 그 규모가 엄청났다.

가직 1세는 애니가 실크로드의 예루살렘, 더 나아가 동방을 대표하는 거룩한 도성이라는 위상에 걸맞게 천상의 천사들이 오르내리는 상징물을 두고자 했다. 가직 1세는 현재 수도인 예레반 근처에 있는 츠바르놋츠(Zvartnots)에 세워져 있던 카세드럴로부터 영감을 얻어서 자신의 이름을 딴 교회를 건축하였던 것이다. 츠바르놋츠의 뜻이 천상의 천사들이라는 점에서 가직 1세는 거룩한 도성인 애니야말로 하늘과 땅을 연결하는 최적의 장소라고 생각하였을 법하다. 에서를 피해 도망가던 야곱이 벧엘에서 잠을 자다가 천사들이 오르락내리락하는 꿈을 꾸었듯이 가직 1세도

애니 또한 그런 장소가 되기에 충분하다고 확신하였을 것이다. 필자가
아는 한, 단일 도시를 놓고 볼 때, 1001개의 교회들로 번성하던 곳이 애니
외에는 없었던 것 같다. 그것도 시대를 앞서가는 교회당 건축 기법을 창
의적으로 사용하였으니 애니에 대하여 알면 알수록 그 장엄함과 위대함
에 압도되곤 한다.

애니를 기억하기

기억하면 살고 망각하면 죽는다. 다른 역사적인 현장들도 그렇겠지만,
특히 애니는 기독교인들의 뇌리 속에서 사라지지 않는다. 특히 아르메니
아 사람들은 애니를 관습과 문화에 담아서 기억하고 있다. 아르메니아에
서 가장 보편적인 여자의 이름이 애니이다. 아르메니아의 어느 곳을 가
든 남녀노소가 모인 자리에서 "애니"라고 부르면 적지 않은 여자 아이들
과 숙녀들이 자신들을 부르는 줄 알고 돌아볼 것이다. 대중문화를 선도
하는 아티스트들은 다양한 방법으로 애니를 소재로 작품들을 만들어 낸
다. 코카서스 아르메니아에 사는 아르메니아 사람들보다 더 많은 이들이
디아스포라 공동체를 형성하여 세계 곳곳에서 애니를 기억하고 있다. 특
별히 아르메니아 국내뿐만 아니라 디아스포라 공동체를 통하여 애니를
연구하고 보존하려는 노력들이 전방위적으로 진행 중이다. 애니를 기억
하는 전 세계의 기독교인들도 동부 아나톨리아의 끝자락에 위치한 이 생
명력의 현장을 기를 쓰고 방문하고 있다. 참으로 애니까지 가는 길이 멀
고도 불편한데도 말이다. 본 시리즈 글을 접한 분들도 애니를 탐방하고

싶다는 의사를 표하며 좋은 기회를 보고 있다니 감사할 따름이다.

이스라엘의 예루살렘과 동방의 애니

301년에 아르메니아가 세계 최초의 기독교 국가로 자리매김을 한 후 상당수의 아르메니아 기독교인들이 이스라엘의 예루살렘에 정착하기 시작하였다. 그런 유수한 전통은 현재 예루살렘 구시가를 네 구역으로 나눌 때 기독교 쿼터가 있음에도 불구하고 아르메니아 쿼터가 어엿이 독립적으로 자리하게 되는 원동력이 되었다. 필자는 본 시리즈를 시작하면서 애니를 코카서스의 예루살렘이라고 지칭하였다. 이 표현도 맞는 것이지만 좀 더 시야를 넓혀 보면 동서양을 연결했던 실크로드의 예루살렘이라는 말도 되고 당시 지구의 절반이 넘는 동양을 대표하는 동방의 거룩한 도성이라고 해도 무방하다는 생각을 하게 되었다. 예루살렘이 거룩한 도시를 대표할 만한 고유 명사이기 때문에 독자 제위의 이해를 돕기 위해서 단순히 사용한 것뿐이다.

오순절 성령 강림 이후 이 땅에 등장한 교회(에클레시아)만 놓고 볼 때, 현재 뉴욕이나 런던과 같이 압축된 면적 속에서 인구밀도가 높았던 애니에 1001개의 교회들로 장관을 연출했던 것은 비교불가이며 역사상 전무후무한 모습임에 틀림이 없다. 그것도 시대를 앞서간 건축 기법을 동원하여 셀 수 없는 돌덩이들을 큼지막하게 다듬어서 건축했다니 실로 불가사의한 일이다. 그 많은 돌들을 과연 어디서 어떻게 운반해 왔을까를 생각만 해도 신기할 따름이다. 신적 임재의 장소이자 영산인 아라랏산의 거룩한 에너지를 받아서 애니에 거룩한 도성을 건설하여 현재까지 생명력을 뿜어내고 있는 중이다. 영산과 거룩한 도성을 중심으로 현재 터키의 동부와 남서부, 이란, 이라크, 그리고 아제르바이잔에 이르기까지 광활한 지역에 걸쳐 그 강인한 생명력의 숨소리가 들려오고 있는 중이다. 교회를 파괴하고 무너뜨려서 돌들을 사방에 방치한다고 해서 숨통이 끊어지게 한 것이 아니기 때문이다. 그 돌멩이 하나, 풀 한 포기를 기억하는 사람들이 있는 한 죽어도 죽은 것이 아니며 흔적을 지워도 사라진 것이 아니기 때문이다. 그래서 우리 모두의 사명이 역사를 기억하여 생명력을 불어넣는 것이다. 투 리멤버(To remember)!

아르메니아 대학살의 현장을 가다 1

아르메니아 대학살 107주년에 즈음하여

1915년 4월 24일에 쿠데타로 집권한 오스만 튀르크 제국(튀르키예의 전신)의 민족주의 세력에 의해 아르메니아인 엘리트들이 이스탄불에서 추방당하면서 대학살이 시작되었다. 이 당시 학살된 아르메니아인의 숫자가 최대 1,500,000명에 달하였다. 지금의 터키 전역에 걸쳐 약 3,000개의 마을에 거처를 정하고 살던 아르메니아인들은 즉결처형이나 집단 학살을 당하였으며, 생존자들은 자신의 땅과 집 등 모든 재산을 강제로 빼앗기고 시리아 사막을 향해 죽음의 행진을 하였다. 이 과정에서 살인과 강간 등 헤아릴 수 없는 비인간적이며 야만적인 악행들이 저질러졌다. 대학살에서 살아남은 여자들과 아이들은 이슬람으로 개종하도록 조직적으로 억압을 받았다.

'세계 최초의 기독교 국가를 가다'라는 연재글들을 통해 필자는 아르메니아의 수도인 예레반 외곽에 위치한 아르메니아 대학살 기념 공원에 대하여 언급하였었다. 그 기념관에 전시된 사진들을 보면 당시의 긴박하고 처절했던 상황을 한눈에 볼 수 있다. 오토만 제국의 신진 급진 세력들이 어떻게 아르메니아인들을 집단 학살했는지, 남녀노소 가리지 않고 수많은 사람들을 어찌 추방했는지, 각 지방 정부와 조직적으로 연계하여 얼마나 잔혹하게 인종청소를 자행했는지 소상하게 알 수 있다.

역사는 역사를 낳고, 생명은 생명을 낳는다

필자가 모토처럼 사용하는 문장이다. 역사는 생명의 역사를 낳고, 그런 생명은 또 다른 생명의 역동성을 불어넣기 때문이다. 필자가 전문적으로 생명의 현장, 즉 전 세계적으로 교회 역사가 살아 숨 쉬는 흔적들을 찾아다닌 지 어언 30년이 훌쩍 넘어버렸다. 대부분 연구비 지원을 받아 생명의 현장을 누비다보니 강산이 세 번이나 바뀌었고 이제 네 번째 변화를 바라보며 나아가고 있다. 필자가 세계 최초의 기독교 국가인 아르메니아의 교회사적 자취들을 찾아다니면서 그들의 애절한 몸부림에 전율하며 가슴이 먹먹해지는 경험을 일관되게 하였다. 특히, 코카서스의 예루살렘이자 전 실크로드의 거룩한 도성이라 할 수 있는 애니(Ani)에 대하여 나누면서 수많은 독자들과 더불어 공감했고 동일한 감성에 젖기도 했다. 그러면서 필자가 지향해 오던 사필귀정의 사명이 더욱더 불타오르며 무시되고 왜곡되고 파괴되고 은닉된 아르메니아 교회 역사에 대하여 더 자세히 사실해 보아야겠다는 감동을 받게 되었다. 아르메니아 교회의 생명력이 필자를 강하게 잡아당기고 있다는 표현이 더 적절할 것이다. 특히 이슬람권인 튀르키예에 빼앗겨 버린 수많은 아르메니아 유적들에 대하여 필자는 오묘한 끌림을 받게 되었다. 마치 바울이 드로아에서 마케도니아인의 환상을 보고 유럽 선교를 시작했듯이 말이다.

반 고양이(Van Cat)는 좋으나, 그것에 내포된 정신은 증오한다

일반적으로 오토만 제국의 신진 세력에 의해 거국적으로 자행된 아르메니아 대학살은 국제적으로 제국 내 정치적으로 위기를 느낀 민족주의자들의 인종청소라고 알려져 있다. 이와 더불어 여러 가지 부차적인 요인들이 역사가들에 의해 제기되어 왔다. 필자는 조금 다르게 반 고양이(Van Cat)를 중심으로 설명해 보려 한다. 튀르키예의 동부, 즉 동부 아나톨리아는 고대로부터 아르메니아인의 땅이었다. 아르메니아도 구석기와 신석기 시대의 역사를 언급하지만, 실제적인 역사의 시작은 우라투(Urartu) 왕국으로부터 기술한다. 이 '우라투' 단어는 노아의 방주가 도착했던 아라랏산에서 파생되어 나온 단어로 알려져 있다. 즉, 아르메니아인들은 자신들을 대홍수 이후 시작된 신인류의 직계라고 생각해 왔다는 것이다. 더군다나, 아무리 지형의 대격변이 있었다는 것을 전제하더라도, 인류의 시작인 에덴동산의 역사적 위치에 가장 근접해 있는 곳도 아르메니아이다. 이것이 사실이든 아니든 아르메니아인들이 갖는 자긍심은 그 어떤 민족보다 크면 컸지 결코 적다고 할 수 없다.

동부 아나톨리아이자 아르메니아 고원지대로 알려진 지역에서 가장 오랫동안 중심지 역할을 했던 곳이 반(Van)이다. 반 이라는 이름도 고대 우라투 왕국의 언어에서 유래되었다. 반 지역에서 가장 유명한 동물이 반 고양이다(Van Cat). 반 고양이는 네 가지 특징이 있다. 첫째는 양쪽 눈 색깔이 다른 오드아이다. 둘째는 물을 좋아하고 수영을 즐긴다는 점이다. 셋째는 반 고양이가 전체적으로 분필과 같이 하얀색을 가지고 있는데 어떤 고양이는 꼬리에 색깔이 있다는 것이다. 넷째는 목 부분과 다른 부분에도 색깔이 있는 경우도 있다는 사실이다. 첫 번째 특징은 생물학적으로 그러려니 하고 넘어갈 수 있으나, 나머지 세 가지 특징은 오래전부터 전해져 내려오는 이야기 때문에 오토만 제국의 이슬람 세력에게는 증오를 가중시킬 수 있는 것들이었다.

왜냐하면 아르메니아의 역사인 고대 우라투 왕국의 이름도 영산인 아라랏산에서 나왔듯이, 반 고양이의 세 가지 특징들도 노아의 방주와 밀접한 관련이 있기 때문이다. 두 번째 특징과 관련하여, 노아의 방주가 아라랏산에 도착한 후, 반 고양이가 수영을 해서 반 호수(Van Lake)까지 왔다는 이야기다. 세 번째 특징인 반 고양의 꼬리에 있는 색깔은 반 고양이가 노아의 방주가 아라랏산에 도착하자마자 급하게 나가려다 문에 찍혀서 생겼다는 것이다. 네 번째 특징은 하나님이 반 고양이의 목 부분과 기타 신체 부위를 쓰다듬자 색깔이 새겨졌다는 이야기다.

정신의 말살은 종교적 인종적 청소로 이어지고

이런 반 고양이(Van Cat)와 관련된 이야기만 놓고 보더라도 새롭게 무력으로 권력을 잡은 민족주의자들에게 아르메니아인의 존재는 위협 그 자체였던 것이다. 사실 오토만 제국이 침략으로 당시의 영토를 복속시켰다는 점을 생각할 때, 고대로부터 동부 아나톨리아 지역을 호령하며 누가 보아도 분명한 기독교적 정체성을 견지하며 살고 있는 아르메니아인들이 두렵기까지 했으리라. 아르메니아인들은 철저한 기독교 신앙에 입각하여 역사의 중요한 페이지마다 자신들의 위용을 드러내며 최전성기를 구가하기도 했으며 다양한 외세의 침략과 억압 속에서도 굴하지 않고 견뎌 왔다. 아르메니아인들에 비해 역사도 일천한 오토만 제국의 입장에서는 열등의식을 가질 수도 있는 현상이었다.

더군다나 아르메니아가 301년에 기독교를 국교로 선포한 이후로 조명자 그레고리의 정신에 입각하여 교육제도를 발전시키며 최고의 인재들을 배출해 왔던 점이 오토만 제국의 신진 민족주의자들에게 눈에 가시처럼 껄끄러웠을 것이다. 이렇게 배출된 고급 인재들이 지성인들의 리더들이 되고 오토만 제국의 경제를 실질적으로 운영해 왔으니 민족주의자들의 눈에 살기를 띨 만하였다.

오토만 제국의 신진 민족주의자들은 이스탄불을 시작으로 아나톨리아 전역에 걸쳐서 아르메니아인들과 연관된 유무형의 모든 것들을 철저하게 깨끗하게 청소하기 시작하였다. 특히 아르메니아인의 정기가 서려있는 동부 아나톨리아(현 튀르키예의 동부) 지역에서의 청소는 대청소라고 할 정도로 처절하고 악랄하였다. 혹시 반 고양이(Van Cat)는 멸종시킬 수 있을지도 모르나, 그 속에 담겨진 정신은 그 어떤 짓을 하더라도 없어지지 않는데도 말이다.

아르메니아 대학살의 현장을 가다 2

아르메니아 대학살 107주년에 생각하는 십자가

동부 아나톨리아, 즉 아르메니아 고원지대를 방문할 때 주로 북동부의 관문 도시인 카스(Kars) 공항을 이용하거나 남동부의 반(Van) 공항을 활용한다. 단일 공항으로는 세계 최대를 자랑하는 이스탄불 공항을 출발하여 하늘을 날다 보면 끊임없이 펼쳐지는 동부 아나톨리아의 대평원과 마주한다. 날씨가 맑을 때는 크고 작은 산들로 조화를 이룬 고원지대의 장관을 감상할 수 있다. 동부 아나톨리아 전역에 걸쳐 아르메니아의 정기가 서려 있지만, 오랫동안 이슬람의 영향권하에 있어서 십자가의 모습을 자연스럽게 볼 수는 없다.

아르메니아어로 예쁜 신부라는 뜻의 카스(Kars)는 아르메니아 대학살과 곧이어 벌어졌던 아르메니아 공화국과 오스만 튀르크 제국의 치열한 전쟁으로 인하여 기독교 관련 건물들의 파손 정도가 타 지역에 비해 더 심하다. 카스 성으로 올라가는 중간에 이 지역을 대표하는 교회가 있는데 말이 교회지 실제로는 이슬람 사원으로 사용되고 있다. 그나마 이슬람교의 구미에 맞서서 교회의 형태라도 보존되고 있는 것이다. 이 건물을 찬찬히 살펴보면 이슬람 세력들이 아르메니아 기독교의 흔적들을 얼마나 철저하게 제거했는지를 단번에 알 수 있다. 언뜻 보아도 지워진 자리에 아르메니아의 카치카르(Khachkar), 즉 십자가 문양이 자리하고 있었다는 것을 알 수 있다. 이슬람 세력들이 아무리 철저하게 지웠어도 건물의 구석구석을 살피던 필자의 눈에는 아직도 십자가가 여기저기 남아 있는 것이 보였다. 그렇기 때문에 가시적이든 아니든 역사와 그 흔적들을 지운다고 지워지는 것이 아니며, 감추고 다른 요상한 내용들로 채운다고 가려지지 않음이다.

바돌로매 순교 기념 교회 및 수도원: 십자가의 길, 복음의 길

아르메니아가 기독교를 국교로 선포한 데에는 조명자 그레고리라는 걸출한 인물이 있었기 때문에 가능하였다. 조명자 그레고리는 십자가의 도를 아르메니아인들에게 알려 준 복음의 사람이었다. 하지만 십자가의 도는 훨씬 이전인 주님의 승천 후 예수님의 12사도 가운데 바돌로매와 유다 다대오 등 두 사도들을 통하여 아르메니아 백성들에게 소개되었다. 이두 사도 모두 복음을 전하다가 아르메니아에서 순교한 것으로 알려져 왔다. 특히 바돌로매 사도는 산채로 피부가 벗겨진 후 목이 잘려 순교했다거나 베드로처럼 십자가에 거꾸로 매달려 순교했다는 이야기들이 전해져 오고 있다. 어찌되었든 바돌로메(나다나엘)는 아르메니아인들에게 십자가의 도를 전하다가 영광스럽게 생을 마감하였다.

바돌로매 사도가 순교한 장소에 그를 기념하여 교회 및 수도원이 설립되었고 그의 숭고한 삶과 신앙을 본받고자 수많은 아르메니아 사람들이 이곳을 방문하였다. 그의 순교 장소와 관련해서 여전히 설왕설래하는 부분이 있지만, 그가 현재의 수도원 자리에서 순교를 했든 안 했든, 그의 영광스러운 순교를 기억하고 기념한다는 측면에서는 충분한 의미가 있다. 게다가 그곳이 교회의 머리 되신 주님께 봉헌됐고 예배의 장소로 사용되어 왔기 때문에 그 생명의 의미는 아무리 강조해도 지나치지 않는다.

십자가의 도를 전하기 위한 헌신과 희생

반(Van)에서 바돌로매 사도 순교 기념 교회 및 수도원을 찾아가는 길은 여전히 긴장감이 돌았다. 아직도 쿠르드족 무장세력들이 공개적으로 또는 암암리에 테러와 군사적 도전을 멈추지 않기 때문이다. 아르메니아 대학살 이후 동부 아나톨리아 지역은 나라 없이 떠돌던 쿠루드(Kurd)족의 주거지로 빠르게 전환되었다. 아르메니아 대학살 당시 쿠르드족이 아르메니아인들에게 저지른 만행 또한 오스만 튀르크 제국의 것과 비교하여 결코 뒤쳐지지 않았다. 참으로 아이러니한 단면은 예나 지금이나 쿠르드족은 강대국들에 의해 이용만 당했지 정작 자신들이 염원하는 독립국가, 즉 쿠르디스탄(Kurdistan) 건설은 성취하지 못하고 있다. 그 오랜 세월 동안 이리 치이고 저리 치여 왔으니 타민족에 대한 적개심이 얼마나 깊고 크겠는가! 다시 생각해 보니 반(Van)으로 가는 비행기에 탑승한 거의 대부분의 승객들이 쿠르드족 사람들이라 유일한 타인종인 필자를 그리 경계하며 웃음 한번 주지 않던 모습이 굉장히 낯설었다. 사람들로 북적이는 반(Van)의 도심에서도 타인종이라고는 눈을 씻고 찾아봐도 필자밖에 없었다. 그래서 가는 곳마다 쿠르드족 사람들이 화난 듯한 표정으로 필자를 쳐다보았던 것이다.

동부 아나톨리아 지역의 어디든 가든 절대 다수가 쿠르드족 사람들이라 화난 듯 적개심을 가지고 이방인을 뚫어지게 쳐다보는 모습은 거의 동일했다. 오히려 쿠르드족의 빈번한 테러와 무장봉기 때문에 곳곳에 주둔해 있는 튀르키예 군인들과 경찰들은 한국 사람인 필자를 열렬히 환영하며 검문검색도 설렁설렁하는 등 특혜를 베풀며 형제 국가의 예를 다했다. 당연하겠지만, 쿠르드족 사람들이 획일적으로 그렇게 적대적인 시선을 보인 것은 아니고, 주로 남자들이 그렇고, 천진난만한 아이들은 어디를 가나 환한 웃음으로 이방인인 필자를 신기한 듯 반겼다.

이런 시선을 받으면서 975번 도로(D975)인 반 하카리(Van Hakkari) 대로를 따라 이란 국경으로 달려가는데 두 가지 생각이 필자의 뇌리를 스쳐 지나갔다. 하나는 고대로부터 이 길이 전략적 요충지가 되어 수많은 강대국들의 각축장이었을 것이라는 사실이다. 다른 하나는 바돌로매와 유다 다대오 사도 등 복음전도자들이 십자가의 도를 전하기 위해 이 길을 오갔으리라고 생각하니 가슴이 먹먹해졌다. 왜냐하면 이 길이 말 그대로 산 넘고 물을 건너가야 하는 험로 자체였기 때문이다. 사도들과 전도자들이 이 먼 길을 걸어서 왕래했다니 저절로 숙연해졌다. 이 길이 협곡의 바닥으로 펼쳐져 있기 때문에 풍광은 좋았고 전략요충지 곳곳에 바위산을 적절히 이용하여 건설된 성곽들이 세워졌다. 그중에 가장 웅장하고 잘 보존된 성채가 호삽성(Hosab Castle)이다.

십자가 외에는 희망도 소망도 없기에

975번 도로를 따라 한참을 달리다 보면 이란의 국경이 지근거리에 있음을 알 수 있다. 바돌로매 순교 기념 교회 및 수도원으로 가기 위해서는 주 도로에서 핸들을 틀어 이란 국경 방향으로 더 가야 했다. 쿠르드족이 원래 유목민족이기 때문에 지금도 그런 전통을 이으며 많은 수가 목축을 하며 생계를 유지하고 있다. 도로의 양옆에서도 쿠르드족 목동들이 소, 양, 염소 등을 몰면서 바쁘게 움직이고 있었다. 필자의 네비게이션이 바돌로매 순교 기념 교회 및 수도원에 가까이 왔다고 알려 주는데 이정표도 없고 길도 정비되지 않고 오히려 그곳으로 가까이 가면 갈수록 도로 상태가 엉망이었다. 필자가 기억하기로 반(Van) 지역을 소개하는 공식 홍보물에서 이 수도원을 보았는데 전혀 관리되지 않고 있으며 보호와 복원은 요원해 보였다. 필자는 정비되지 않아 울퉁불퉁하고 좁은 비포장도로를 따라 가다 덩그러니 방치된 기념 교회 및 수도원 건물을 보고 경악을 금치 못했다. 더군다나 이 주변이 군부대의 방어진지로 사용되었다는 흔적들을 보고 너무나 마음이 아팠다. 이 방치된 기념 수도원 주변으로 무너진 참호와 제거되지 않는 철조망들이 흉물이 되어 널브러져 있었다. 사람의 흔적보다는 가축들의 배설물들로 주변이 지저분하고 어수선하였다. 필자는 이런 광경을 마주하면서 바돌로매 사도의 순교를 묵상하며 숙연해졌고, 아르메니아 대학살을 계기로 방치되었던 것에 대하여 마음이 너무 아팠으며, 군사용으로 사용되었던 사실에 대하여 분노하였다.

필자가 바돌로매 사도의 순교 기념 교회 및 수도원의 안과 밖으로 걸음을 옮기면서 묵상하며 작은 흔적 하나까지도 놓치지 않으려고 살피다가 건물 곳곳에 새겨 놓은 수많은 십자가들을 보면서 갑자기 심령이 뜨거워지며 눈물이 핑 돌았다. 당시 간절한 마음으로 크고 작은 십자가들을 건물 구석구석에 새겨 놓았던 그 성도들의 애절한 마음을 필자가 조금이라도 이해할 수 있었기에! 대략 1600년 전에 세워졌던 이 기념 교회 및 수도원이 겪어야 했던 고난과 역경이 바돌로매 사도의 순교와 유사했기 때문에 고통가운데 있던 수많은 기독교인들이 한 손에 정을 들고 다른 한 손에 망치를 들어 십자가를 새겨 놓을 수밖에 없었던 애절함을 말이다. 이곳을 방문했던 국내외 기독교인들이 굉장히 소수라고 할지라도, 필자가 그 어떤 글에서도 여기에 새겨진 십자가에 대하여 언급한 내용을 본 적이 없다. 조금만 찬찬히 살펴보아도 그 수많은 십자가 조각들이 다른 지역의 교회당 건물에서 볼 수 없는 슬프고 애잔하고 고통스러움을 담고 있는데도 말이다. 그래서 더욱더 필자의 귀에 그들의 절규가 생생하게 들려오는 듯하였다.

아르메니아 대학살의 현장을 가다 3

아르메니아 대학살 107주년에 묵상하는 인생의 피난처

현재 튀르키예의 땅을 일컫는 명칭이 아나톨리아였다. 앞선 글들에서 밝혔듯이, 동부 아나톨리아 지역은 노아의 방주가 아라랏산에 도착한 이후부터 고대 아르메니아 땅이었다. 그렇게 역사의 부침을 겪으면서 조상 대대로 살아오던 땅에서 인종, 문화, 종교 청소를 당하고 쫓겨났으니 그 한이 오죽이나 깊고 큰 상처로 남았겠는가! 필자는 대아르메니아(Greater Armenia) 영토였던 동부 아나톨리아 지역을 돌아보면서 아직도 살아 숨 쉬고 있는 아르메니아의 정기를 체득할 수 있었다. 동시에 아르메니아 대학살의 와중에서 기독교인들이 얼마나 간절하게 피난처를 찾아 헤맸는지를 그 현장에 남아 있는 흔적들을 통해 마음으로 온몸으로 이해할 수 있었다. 오스만 튀르크 제국 내에서 합리적인 자치권을 가지고 살아오던 아르메니아인들이 쿠데타로 집권한 신진 세력들에 의해 순식간에 거국적으로 학살을 당하고 모든 재산을 빼앗겼으니 참으로 기가 찰 노릇이었을 것이다. 더군다나 시시각각으로 가족의 생명이 위협을 받고 있으니 몸을 피할 도피처를 찾는 것은 생존본능이었다.

106

천상의 굴뚝인 갑바도키아

튀르키예로 성지순례를 가거나 심지어 일반 여행을 가는 사람들도 꼭 방문하는 곳이 갑바도키아 지역이다. 이곳은 동화에나 나올 법한 기암괴석으로 유명하기 때문에 천상의 굴뚝들(fairy chimneys)로 불리고 있다. 예로부터 이곳의 지형은 간단한 도구로 바위를 파서 주거지 등 원하는 용도로 비교적 쉽게 만들어 쓸 수 있었기 때문에 초대교회 당시 로마 제국의 박해를 피해서 기독교인들이 모여들었던 지역이다. 당시 그들은 더욱 안전한 피신처를 확보하기 위해 지하 깊숙한 곳에 개미집처럼 다양한 공간을 만들어서 거대 지하도시를 형성하였다. 이렇게 갑바도키아 지역으로 수많은 기독교인들이 피신함으로 성지화된 이곳을 통하여 귀한 인재들이 다수 배출되었다. 아르메니아 기독교와도 자연스럽게 연결됨으로 좋은 영향들을 주고받았다.

또 다른 천상의 굴뚝들로 이루어진 피난처, 바나도키아(Vanadokya)

필자가 간단하게나마 갑바도키아를 언급한 이유는 바나도키아를 언급하기 전에 독자 제위의 이해를 돕기 위함이다. 국내외를 통틀어서 바나도키아를 방문한 사람들이 극히 드물며 아마 처음 들어보는 지명이라고 말하는 이들이 거의 대부분이지 않을까 한다. 그만큼 이곳은 국내외 한국인들에게 극히 생소한 곳이지 않을까 한다. 바나도키아의 특이한 지형은 화산 활동을 통하여 자연스럽게 조성된 것으로 전문가들은 보고 있다.

지난번 글에서 수많은 십자가로 수놓아진 바돌로매 순교 기념 교회 및 기도원에 대하여 언급하면서 필자와 독자 제위가 아르메니아 기독교인들의 간절한 외침들을 들으며 그들의 고통을 폐부 깊숙이 느껴 보았다. 실로 큰 울림이 아닐 수 없었다. 아르메니아 대학살 당시 바돌로매 기념 교회도 여타의 교회나 수도원들처럼 기독교인들의 도피처가 되었다. 이 방치된 바돌로매 기념 교회의 뒤편에서 보면 확 트인 농지와 푸른 초장이 펼쳐져 있다. 그 중간중간에 나귀를 타고 소떼나 양들을 모는 쿠르드족 목동들이 한가롭게 유유자적하는 모습과 잘 자란 풀을 베어 가축들의 여물로 쓰려고 바쁘게 움직이는 쿠르드족 농부들의 면면도 보인다. 그런 광경들이 끝나는 산자락에 정말로 동화 같은 천상의 굴뚝들이(fairy chimneys) 군락을 이루고 있다. 그 산의 뒤편이 이란이다.

바나도키아(Vanadokya)의 큰 바위에 숨기시고

바돌로매 기념 교회에서 바라 본 바나도키아의 모습은 라오디게아 교회가 있던 유적지에서 파묵깔레와 히에라폴리스를 멀찌감치서 볼 때와 너무나도 비슷하였다. 이 두 곳 모두 원거리에서 목도했을 때 하얀색의 풍광이 일품이었기 때문이다. 세계적으로 널리 알려져 있는 갑바도키아와 거의 무명에 가까운 바나도키아의 유사점은 동화 같은 천상의 굴뚝들이라는 점과 지리적으로 자연스럽게 형성되었다는 것이다. 반대로 가장 큰 차이점은 바나도키아를 볼 때 인위적으로 만든 공간이나 지하 도시 같은 것이 없다는 사실이다. 어찌 보면 기이하고 괴상하게 생긴 큰 바위들로 이루어진 천혜의 피신처라고 해야 옳을 것이다. 바나도키아의 산 정상까지 뻗어 있는 큰 바위를 넘어 여차하면 이란 방향으로 도망치기에도 용이하였을 것이니 말이다.

바나도키아의 큰 바위로 이루어진 군락지 주변에는 쿠루드족들이 모여 사는 마을이 있는데, 어떤 가옥들은 큰 바위들을 적절히 활용하여 건축하였고, 다른 집들은 바위들과 거리가 있는 곳에 위치한 연고로 돌조각들을 적절히 이용하여 담을 쌓기도 하였다. 방과 후 같으면 쿠르드족 아이들이 가이드를 자처하며 요란을 떨었겠지만 학교가 파하기 전이라 상대적으로 고요하다 못해 적막하기까지 했다. 마을과 직통으로 연결된 지점에 큰 바위들이 있어서 필자는 그곳에서부터 산정상을 향해 오르기 시작했다. 그런데 경사가 가파른 데다가 바위 조각들이 잘게 부스러져 있어서 미끄러지기 일쑤였고 동물들의 배설물까지 피하려니 체력은 급속히 저하되고 몰골은 말이 아니게 되었다. 천신만고 끝에 정상에 올라서 큰 바위들을 바라보니 천혜의 피난처로는 두말할 나위가 없었다. 지척에 보이는 이란을 쳐다보면서 아르메니아 대학살 당시 하나님이 제공하신 바나도키아의 큰 바위로 피했을 아르메니아 기독교인들을 상상해 보았다. 큰 바위에 피난처를 마련했다는 안도감과 이곳도 언젠가 발각될지 모른다는 불안감이 교차했을 그들의 복잡한 심리상태를 말이다.

바나도키아를 지나 더 깊은 곳으로

바돌로매 기념 교회와 바나도키아를 품고 있는 지역이 분지형태로 되어 있으며, 양쪽의 산들을 끼고 길게 늘어져 있다. 바나도키아를 지나 분지 형태의 드넓은 골짜기로 한참을 가면 깊숙하고 인적이 드문 곳에 쏘라디르(Tsoradir) 교회 및 수도원이 자리 잡고 있다. 바돌로매 기념 교회에서 보았을 때, 이 교회는 약간 동북쪽에 위치해 있는 셈이다. 쏘라디르 교회로 가는 길은 현재도 제대로 정비되지 않아 곤란한 점이 한두 가지가 아닌데 아르메니아 대학살이 진행되던 당시에는 보다 더 안전한 피난처를 찾아 헤매던 아르메니아 기독교인들에게 고난의 여정일 수밖에 없었다.

아르메니아 대학살 이전까지만 해도 좋은 이웃으로 평화롭게 지내던 쿠르드족들이 쿠데타로 집권한 오토만 제국의 신진 세력들에게 이용당하여 아르메니아인들을 학살하고 축출하는 데 앞장섰으니 얽히고설킨 민족 감정들이 쉽게 해결될 수 없었다. 튀르키예의 전신인 오스만 튀르크 제국이 쿠르드족을 이용하여 아르메니아인들을 대청소시키고 쿠르드족을 동부 아나톨리아에 살도록 한 대가는 거국적으로 진행되어 오고 있는 테러, 납치, 군사적 무장봉기로 부메랑이 되어 돌아오는 중이다. 이런 불안요인은 쿠르드족의 독립국가인 쿠르디스탄이 공식적으로 인정되지 않는 한 계속될 것이다. 쿠르드인들에게 '당신은 터키인입니까?'라고 물어보면 질색팔색을 하며 '나는 쿠르드인입니다'라고 분명히 말한다. 이는 외국 사람들이 동양인들의 외모로 어느 나라 출신인지 헷갈리어 한국 사람에게 '당신은 일본인입니까?'라고 했을 때의 대답과 같은 것이다. 우리도 얼굴을 붉히며 '나는 한국인입니다'라고 하며 기분 나쁜 표정을 숨길 수 없을 것이니 말이다. 독립국가를 이루지 못한 쿠르드인들에게는 더욱 더 분노에 찬 반응들이 나오는 것이 이상할 리 없다. 이 모든 문제들이 동부 아나톨리아의 진정한 주인인 아르메니아 기독교인들을 몰살시키고 대청소를 진행했던 아르메니아 대학살로부터 기인한다.

아르메니아 대학살의 현장을 가다 4

아르메니아 대학살 107주년에 되새기는 기독교의 사랑

악다마르(Akdamar): 오! 타마라!

반 호수(Lake Van)에서 가장 유명한 섬이라면 악다마르(Akdamar)이다. 아르메니아어로 '오! 다마라'라는 뜻이다. 노아의 방주가 아라랏산에 도착한 이후 고대로부터 아르메니아 땅이었던 동부 아나톨리아 지역에서 '악다마르'의 유래와 관계된 이야기가 전해져 오고 있다. 아르메니아 왕실에서 반 호수에 있던 이 섬에 궁궐과 필요한 건물들을 짓고 주거지로 사용했던 적이 있었다고 한다. 아마도 섬이기 때문에 풍광도 좋고 외세의 침략에 용이하게 방어할 수도 있었을 테니 말이다. 이 당시 왕실의 한 공주가 평민과 사랑에 빠졌다고 한다. 이 촌노는 신분과 계급을 뛰어넘어 이 공주와 사랑을 나누었는데, 밤이 되면 공주가 밝혀 주는 불빛을 보고 이 섬으로 헤엄을 쳐서 건너오곤 하였다는 것이다. 꼬리가 길면 잡히는 법. 공주가 은밀하게 촌부를 만난다는 사실을 알아챈 왕이 헤엄치는 촌부에게 섬의 방향을 알려 주던 횃불을 끄도록 지시하여 익사하게 만들었다. 그 촌부의 입에서 연인의 이름을 애타게 부르는 '오 타마라'(Oh,

Tamara)라는 말에서 유래되어 악다마르섬으로 불리게 되었다는 이야기다. 그래서 그런가 악다마르섬은 예나 지금이나 연인들의 명소로 유명세를 떨치고 있다. 로미오와 줄리엣의 애절한 사랑의 이야기를 흠모하는 연인들이 이탈리아 북부의 베로나로 몰려들듯이 말이다.

사랑의 시련

아주 오랜 세월 동안 사랑의 대명사가 되어 왔던 악다마르섬도 역사의 격랑을 피해 갈 수 없었다. 1915년 아르메니아 대학살이 본격화되면서 이 악다마르섬에 거주하던 모든 아르메니아 성직자들과 여타의 사람들이 몰살을 당했다. 오스칸 튀르크 제국의 조직적인 학살의 와중에서 오직 기도와 말씀에 정진하던 사람들이 할 수 있는 일이라고는 빗발치는 총탄을 온몸으로 받아내며 학살자들의 영혼을 위한 기도밖에 달리 할 일이 없었다. 사랑의 섬인 악다마르에서 아르메니아 기독교인들은 사랑과 용서를 외치며 순교자의 반열에 올랐던 것이다. 필자가 바돌로매 순교 기념 교회 및 수도원을 다루면서 언급했던 작은 십자가들이 악다마르 교회에서도 심심치 않게 목격되었다. 물론 바돌로매 교회의 십자가들보다는 숫자적으로 적었지만 말이다. 그만큼 악다마르 교회가 겪었던 시련도 만만치 않아서 아르메니아 기독교인들이 십자가를 돌 위에 새겨 넣으며 그들의 간절함을 표현하였다.

악다마르 교회의 시련은 여기서 끝나지 않았다. 아르메니아 대학살을 거치면서 인명 살상과 함께 아르메니아의 정신을 담고 있는 기독교 건축물들을 철저하게 파괴하기 시작했던 것이다. 역사가들은 이것을 '아르메니아 문화 대학살'이라고 지칭해 오고 있다. 이런 반문화적 행위들은 역으로 보자면 당시 학살자들이 아르메니아의 기독교 정신을 얼마나 무서워하고 위협으로 생각하고 있었는지 짐작하고도 남는다. 특히 악다마르 교회는 군대의 사격장으로 사용되면서 철저하게 파괴되어 갔다. 궁극적으로 악다마르 교회에 대한 완전 파괴 명령이 떨어졌고 여타의 교회당들과 마찬가지로 폐허로 변할 긴박한 상황에 직면했다. 그때 문화를 존중하고 아끼는 일단의 지도자들이 중앙정부를 설득하고 압박하여 파괴가 진행되고 있던 악다마르 교회를 보존하는 데 성공하였다. 하지만 이미 파괴가 진행되고 있었고 사격장으로 사용되었기 때문에 여기저기 깊게 패인 부분들을 복구하는 데는 엄청난 노력과 대가를 지불해야만 하였다.

십자가 없는 사랑과 타락한 이슬람

필자가 누누이 언급한 대로 동부 아나톨리아 지역은 아직도 아르메니아 기독교의 정기가 살아 숨 쉬는 거룩한 성지다. 하지만 아르메니아 대학살을 계기로 씨줄과 날줄처럼 뒤엉켜 버린 민족간 갈등으로 인하여 튀르키예, 아제르바이잔, 그리고 아르메니아는 아직도 서로의 국경을 개방하지 않고 있다. 게다가 샌드위치처럼 끼인 쿠르드족까지 합세하여 이 지역의 형세는 안갯속을 헤매는 것과 같다. 튀르키예가 아르메니아와의 관계 정상화를 위해서 파괴된 기독교 유적들을 복원하려는 시늉을 할 때마다 깊게 배인 양측의 갈등을 그대로 노출하곤 한다. 일례로 튀르키예가 철저하게 파괴를 진행했던 악다마르 교회를 재건하면서 교회당이 아닌

박물관으로 사용한다고 해서 아르메니아를 비롯한 국제사회로부터 폭풍우가 몰아치듯 비난을 받았다. 게다가 튀르키예의 극단적인 민족주의자들까지 나서서 악다마르 교회의 재건을 반대할 뿐만 아니라 교회당 건물 꼭대기에 세워질 십자가를 허용해서는 안 된다고 극렬하게 저항하였다.

이렇듯 우여곡절을 거치면서 교회당이 재건되고 십자가가 세워졌지만 그 어떤 예배도 정기적으로 드릴 수 없었다. 한 가지 위안이라면 일 년에 한 번 정도는 아르메니아식 예배가 허용되는 것 정도다. 그럼 왜 이슬람인 튀르키예가 악다마르 교회의 재건과 십자가 설치를 허용했는가? 필자의 견해로는 첫째로 수단과 방법을 가리지 않고 자국의 영토로 삼은 점령자들의 아량을 보여 주고 싶었을 것이다. 둘째로 튀르키예에 아직도 남아 있는 아르메니아인들의 환심을 사고 실제로 아르메니아와의 국교 정상화도 기대했을 법하다. 셋째로, 아니 가장 현실적으로, 경제적인 고려가 크게 작용했을 것이다. 왜냐하면 악다마르 교회와 섬 전체의 재정비는 곧 수많은 관광객들의 유입으로 이어지기 때문이다. 반 지역을 찾는 사람들이라면 배를 타고 악다마르섬을 거의 다 방문한다. 필자가 악다마르 선착장에서 배를 타고 오갈 때도 수많은 방문객들이 꼬리에 꼬리를 물듯이 몰려들고 있었다. 아이러니하게도 악다마르섬을 찾는 절대 다수가 이슬람 신앙을 갖고 있다는 점이다. 그중에서도 반 지역에서 그리 멀지 않는 이란에서 엄청난 숫자의 방문객들이 대형 버스에 나눠타고 단체로 몰려들고 있었다. 그 이란인들은 악다마르섬으로 가는 배 안에서 스피커를 크게 틀어 놓고 선상 가무를 즐기기에 여념이 없었다. 모두가 아는 대로 이란이 매우 엄격한 이슬람 국가라는 점을 생각하면 그들의 행동이 선뜻 이해가 되지 않는다. 이런 모습을 보는 필자의 뇌리에 '타락한 기독교'와 '타락한 이슬람'이라는 생각이 섬광처럼 스쳐 지나갔다. 그들은 악다마르섬과 교회를 '보고' '즐기기' 위해 가는 것이지 그 의미를 되새기며 '기억'하기 위해 가지 않는다.

두 종류의 조각들: 교회를 받들어 섬기는 제왕, 다윗과 골리앗의 이야기

초대교회 당시 아르메니아가 세계 최초의 기독교 국가가 된 이후 아르메니아를 강하게 만들고 외세의 침략을 비롯한 국난을 극복하게 만든 원동력은 기독교 신앙에서 나왔다. 그런 견지에서 아르메니아 제왕들은 영산인 아라랏산을 얹어 놓은 교회당을 교회의 머리 되신 주님께 헌당하는 일에 열심을 다했다. 실크로드의 거룩한 도성이었던 애니(Ani)에서는 가직 1세가 교회당을 받들어 섬기는 모습의 조각품이 발굴되기도 하였다. 악다마르 교회당 건물에도 한 제왕이 교회당을 받들어 헌당하고 섬기는 모습이 선명하게 조각되어 있다. 그만큼 사회의 지도층들이 솔선수범하여 교회를 섬기고 받들었다는 말이다. 필자가 아는 한 이런 류의 조각이 새겨진 교회당 건물은 악다마르 교회뿐이지 않을까 생각된다. 물론 동부 아나톨리아에 산재한 수많은 교회당들 가운데 이런 식의 조각이 혹시 있었을지 모르겠으나 워낙 철저하게 파괴되어 그 흔적을 찾을 수 없고 현존하는 폐허 속에서도 필자는 본 적이 없다.

돌을 다루는 데 있어서는 가히 천부적인 재능을 타고났던 아르메니아인

들이 교회당 건물에 자주 새겨 놓았던 조각이 다윗과 골리앗이다. 악다마르 교회에도 다윗과 골리앗의 대결이 선명하게 조각되어 있다. 필자는 조금이라도 흔적이 남아 있는 교회당 잔재들에서 이와 비슷한 조각을 본 적이 있다. 그러면서 필자는 가만히 묵상하며 생각해 보았다. 왜 아르메니아 기독교인들이 수많은 성경의 이야기들 중에서도 다윗과 골리앗의 싸움을 예배당 건물에 새겨 놓으려고 했을까? 그 이유는 파란만장한 아르메니아 역사에서 찾을 수 있다. 항상 주변의 강대국들에 둘러싸여 새우등 터지듯 살아왔던 역사 속에서 아르메니아 기독교인들은 자신들을 다윗으로 생각하며 골리앗을 넉넉히 이기는 하나님의 전쟁을 사모하고 염원하였던 것이다. 아르메니아인들은 성경의 말씀처럼 전쟁이 하나님께 속했다는 신념 속에 살았고 그렇게 믿고 싶었다.

무슬림 방문자들이 음주가무를 즐기며 악다마르 교회를 보기 위해 수도 없이 몰려드는 모습을 보면서 뿌듯함보다는 교회가 그들의 오락의 대상이요 조롱거리가 된 것 같아서 마음이 아프고 슬펐다. 그래도 이슬람 신봉자들이 악다마르 교회당 안으로 들어갈 때는 최대한 기독교식 예의를 차리려고 하는 매너에 위안을 받으면서 그들 속에서 진정한 십자가의 사랑이 꽃피기를 간절히 기도할 뿐이었다.

아르메니아 대학살의 현장을 가다 5

아르메니아 대학살 107주년에 찾은 바라가방크(Varagavank)

반(Van) 도심에서 약 9킬로미터 떨어진 곳에 바락(Varag)산이 있는데 현재는 에렉(Erek)산으로 불린다. 바라가방크는 바락산의 수도원과 교회라는 뜻이다. 필자는 시간도 절약하고 출근 시간의 혼잡도 피할 겸해서 해돋이 시간에 맞추어 출발하였다. 아직 이른 시간이라 그런지 사람보다는 개와 반 고양이(Van Cat)들이 유일한 이방인 방문자를 반기며 잠시 따라오기도 하고 무서워서 숨기도 하는 장면들이 여러 번 목격되었다. 평지를 벗어나 산으로 오르기 시작하면서 굽이굽이 대관령을 연상하는 좁고 가파른 길로 들어섰다. 산 중턱에 이르자 탁 트인 벌판과 반 호수가 한눈에 들어오며 장관을 연출하고 있었다. 때마침 산 넘어 동쪽에서 강렬하게 부상하는 붉은 태양이 산, 들, 호수, 도심을 아우르며 거룩한 성지의 어둠을 몰아내고 있었다. 수많은 역사의 현장에서 각기 다른 광경의 해돋이를 수도 없이 보아왔던 필자이지만 이런 광경은 독특하고 경이로우며 신비스럽기까지 하였다.

황홀한 광경에 취하다보니 자칫 실족할 수도 차량이 추락할 위험도 있어서 아찔하였다. 강렬한 태양이 조명하는 반 성채(Van Castle)가 마치 거대한 용 한 마리가 꿈틀거리듯 생생하게 보이기도 했다. 사랑의 섬인 악다마르도 큰 도화지 위에 찍어 놓은 한 점과 같이 어렴풋하게나마 아름다운 자태를 뽐내고 있었다. 산 정상으로 오르면 오를수록 경사가 가팔라지고 길은 좁아졌다. 그런 길로 가끔씩 마주하는 차량들이 과속으로 질주하는 순간 식겁하기도 했다. 놀라운 점은 가파르고 굽이굽이 돌아서 오르내려야 하는 산의 정상 주변으로 적지 않은 민가들이 늘어져 있다는 것이었다. 그들도 역시 동부 아나톨리아에서 아르메니아인들을 몰아내고 살아오고 있는 쿠르드족 사람들이었다. 필자의 관점에서 볼 때, 동부 아나톨리아에서 흩어져 사는 쿠르드인들은 도심에 사나 산간벽지에 사나 하나같이 표정이 어둡고 뭔가 불만족스러운 표정을 짓고 있었다. 자신들의 나라도 없이 여전히 남의 나라의 통치를 받고 있으니!

여성들이 기초를 놓은 바라가방크

아르메니아가 세계 최초로 기독교 국가가 되기 일 년 전인 주후 300년경에 일단의 여성들이 순교의 제물이 되었다. 그 여성 공동체의 대표가 '가야네'였고 귀감이 될 만한 신앙의 순수성을 순교로 지켜낸 여인이 '흐릅시매'였다. 그 여성 공동체에서 유일한 생존자가 '니노'였고 그녀는 세계 최초의 여성 조명자가 되어 코카서스 조지아가 기독교 국가가 되도록 헌신하였다. 아르메니아 사도 교회의 총본산인 에치미아진에 가면 가야네 기넘 교회와 흐릅시매 기념 교회가 있을 정도로 그녀들의 신앙적 헌신과 희생은 실로 위대하고 타의추종을 불허할 정도였다. 실크로드의 거룩한 도성인 애니(Ani)와 동부 아나톨리아 곳곳에 흐릅시매를 기억하는 교회당들이 산재해 있기도 하다.

원래 가야네의 여성 공동체는 로마에서 결성되었는데 디오클레시안 황제의 박해를 피해서 이집트의 알렉산드리아와 근동지역을 전전하며 고귀하고 순수한 신앙을 지키기 위해 고군분투 하였다. 가야네의 여성 공동체가 성지인 예루살렘 등을 거치면서 주님이 달리셨던 십자가의 일부를 가져왔고 당시 바락산에 그 역사적 유물을 보관한 것이 바라가방크의 시작이었다고 전해진다. 그때로부터 바라가방크는 반 지역의 신앙적 중심지가 되어 수많은 순례자들이 찾는 명소가 되었다. 중세시대 아르메니아가 실크로드의 주요 거점이 되면서 헌신적인 제왕들이 기념비적인 기독교 건축물들을 다수 세웠고 그중에 바라가방크도 포함되었다. 튀르키예어로 '예디 킬리시'(Yedi Kilise)라고도 하는데 이는 일곱 개의 교회들이라는 말이다. 일곱 개의 교회들은 세인트 소피아 교회, 세인트 요한 교회, 동정녀 마리아 교회, 세인트 조지 교회, 홀리 썰 교회, 홀리 크로스 교회, 그리고 세인트 시온 교회들이다. 중세시대 황금기를 구가하였던 바라가방크는 국보급 필사본들을 대량으로 생산하고 보관하는 종교와 문화의 중심지 역할도 하였다.

여호와는 나의 산성이시니

역사의 질곡 속에서 바라가방크도 영욕의 세월을 견뎌야 했다. 중세시대 실크로드의 중심지이자 거룩한 성지로 자리매김 했던 대아르메니아 지역이 이슬람권의 침략과 노략질로 막대한 피해를 입었다. 바라가방크도 중세시대 황금기 이후 파괴, 약탈, 살해, 방화, 지진과 같은 자연재해로 바람 잘 날이 없었다. 그러는 와중에 초대교회로부터 보관되어 왔던 유물들이 완전히 소실되었고 수많은 필사본들이 화재로 타 버리거나 약탈되었다. 기적적으로 생존한 필사본들은 아르메니아의 수도인 예레반에 위치한 국립고문서보관소, 즉 마테나다란에 국보급으로 소장 및 전시되어 오고 있다.

1915년에 시작된 아르메니아 대학살은 바라가방크가 얼마나 중요한 곳이었는가를 확실히 각인시켜 주었다. 처음에는 소수의 학살자들이 바라가방크를 방문하여 몇 명을 죽이는 선에서 마무리되는 듯싶었다. 그들은 무슨 연유에서인지 바라가방크를 떠나 반으로 긴급하게 소환되었다. 아마도 대대적인 학살에 동원되었던 것으로 사료된다. 무차별적인 학살이 반 지역에서 자행되면서 약 3천 명에 육박하는 아르메니아 사람들이 긴급하게 바라가방크로 피신하였다. 대개 그들이 도보로 바락산을 올라 바라가방크로 왔기 때문에 사선을 넘나드는 고난의 여정이었다. 대량학살에서 간신히 살아남은 3천 명의 사람들은 안도할 틈도 없이 학살자들의 표적이 되어 정규군과 민병대의 대대적인 색출 공격에 직면하였다. 그들은 급하게 하산하여 학살자들로부터 방어가 안전하게 이루어지고 있던 지역으로 피신하였다. 학살자들이 3천 명의 사람들을 현장에서 몰살시킬수도 있었으나 그들의 피신을 방관한 이유는 학살을 피해 스스로를 방어하고 있던 지역에 피난민들이 모여들게 하여 식량의 부족으로 모두를 굶어 죽게 할 심산이었기 때문이다.

서글픈 경제논리

이미 언급했던 대로 사랑의 섬인 악다마르(Akdamar)는 중세시대 아르메니아 왕실의 궁궐이 있을 정도로 오래전부터 아름다운 풍광을 자랑해왔다. 튀르키예 정부가 악다마르섬과 그곳의 교회를 보기 좋게 재건하자순식간에 관광 명소가 되어 사시사철 방문객들로 인산인해를 이루고 있다. 반 호수의 여러 곳에 선착장들이 들어서고 수많은 배들이 쇄도하는관광객들을 실어 나르기 바쁘다. 게다가 각종 음식점들과 상점들이 밀려드는 사람들로 호황을 누리고 있다. 언뜻 보아서는 유람선 가격에 악다마르섬의 입장료가 포함된 듯이 말하지만 실제로는 섬에 도착하자마자별도의 입장료를 징수한다. 한마디로 경제적인 가치가 차고 넘친다는 말이다.

하지만 반 지역의 명소로 버젓이 소개해 놓은 바라가방크는 정비와 재건은커녕 수수방관하여 폐허가 되도록 방치하고 있는 현실이다. 이곳이 바돌로매 순교 기념 교회 및 수도원의 상태보다 더 심각하면 심각했지 덜하지 않으니. 이 두 성지가 방치된 데는 공통점이 있는데 방문객이 잘 가지 않아 돈이 되지 않는다는 것이다. 바돌로매 순교 기념 교회는 이란과의 국경지대에 있어서 쿠르드족의 테러와 무장봉기가 빈번하고 외진 곳에 있어서 찾는 이가 거의 없고, 바라가방크 또한 높은 산 정상에 있어서 테러의 위험과 더불어 일부러 찾아가기에도 불편한 형편이다. 필자가 답답했던 점은 그렇게 방치된 곳들을 무슨 자랑이라도 하듯이 전광판이나 안내책자를 통해 관광명소로 소개하고 있는 것이다. 이것은 단순히 과시적인 속임수일 뿐인데도 그렇게 하고 있다.

폐허 속에서도 피어나는 작은 변화들

동부 아나톨리아 지역에도 곳곳에 박물관들이 있어서 소중한 역사문화유산들을 보존하고 있다. 각 지역의 박물관들을 찬찬히 살펴보면 튀르키예나 쿠르드족과 연관된 전시물들은 거의 없고 대부분 아르메니아 유적들로 채워져 있음을 어렵지 않게 파악할 수 있음이다. 그만큼 아르메니아가 남긴 역사적 유산들이 실로 어마어마한 것이다. 최근에 들어서 아르메니아의 유적들을 보존하고 재건하려는 움직임이 튀르키예와 쿠르드족 가운데서 일어나고 있는 중이다. 그들은 아르메니아의 문화적 우수성을 인정하고 동경하면서 폐허로 변한 유적들을 보살피는 일에 앞장서고 있다. 필자는 그들의 동경이 셀 수 없는 돌들이 소리 지르는 대로 기독교 신앙으로 이어지기를 간절히 소원해 볼 따름이다.

아르메니아 대학살의 현장을 가다 6

아르메니아 대학살 107주년에 찾은 동부 아나톨리아의 박물관들

필자가 시간 되는 대로 동부 아나톨리아 지역을 돌아보면서 상당히 궁금
했던 점이 '과연 이 지역의 박물관에는 무엇이 소장되어 전시되고 있을
까?'였다. 왜냐하면 앞선 글들에서 언급하였듯이 오스만 튀르크 제국과
쿠르드족이 자손 대대로 터를 잡고 살아오고 있었던 아르메니아인들을
학살하고 축출하면서 그들의 문화까지도 철저하게 파괴하였고 오랫동안
방치해 오고 있었기 때문이다. 옛 아르메니아인들의 정취가 배어 있는
이 광활한 지역에 몇 개의 박물관들이 운영되고 있지만 카스(Kars)와 반
(Van) 박물관들이 대표적이라고 할 수 있다. 일단 각 도시 자체가 주변의
지역을 아우르고 있기도 하고 고대로부터 전통적인 흔적을 고스란히 지
니고 있기에 그렇다.

실크로드의 거룩한 도성인 애니(Ani)로 가는 관문 도시인 카스는 유적들
이 몰려 있는 카스 성채 주변에서 동떨어진 지점에 카스 박물관이 자리
하여 일부러 찾아가야 하는 불편함이 있다. 반면에 반 박물관은 반 성채

(Van Fortress) 바로 옆에 위치해 있을 뿐만 아니라 고대 아르메니아 왕국인 우라투 박물관과 함께 있어서 접근성이 좋은 편이다. 아울러 튀르키예에서 가장 큰 호수인 반 호수가 지근거리에 있어서 경치도 탁월하다. 그런 이유에서인지 반 박물관은 입장료를 받고 카스 박물관은 무료 관람이다.

'어여쁜 신부'라는 이름의 카스(Kars)

아르메니아에서 나온 이 말은 카스가 지닌 매력을 한마디로 표현하는 것 같다. 사실 카스는 실외 박물관 격인 구도심권과 실내 박물관으로 나눌 수 있다. 구도심에 위치한 카스 성채 주변으로 아르메니아 사도 교회들이 자리를 잡고 있다. 아르메니아 대학살을 계기로 이 주변도 철저히 파괴되는 아픔을 겪었다. 특히 카스 성채와 근접한 곳에 '거룩한 사도들의 교회' 또는 '카스 대교회'가 자리 잡고 있는데 현재는 이슬람 사원으로 바뀌어 형체만 유지하고 있다. 카스 인근에 있는 쿰벳 교회 등은 파괴되고 방치되어 한때 교회로 사용되었다는 어렴풋한 추측만 가능할 정도다.

필자가 구도심의 중심부로부터 성채를 향하여 올라가는 중간에 보았던 카스 대교회는 사원으로 개조되었다고는 믿기지 않을 정도로 아르메니아 사도 교회의 흔적을 고스란히 간직하고 있었다. 물론 이 건물의 사방으로 새겨져 있었던 기독교의 상징들을 철저하게 지우려고 했던 흔적들은 여전하지만 무슬림들이 아무리 없애려 해도 없앨 수 없는 모습들이 곳곳에 남아 있었다. 필자의 판단으로는 그들이 무슬림 사원을 깨끗하게 정비하여 보존한 것이 아니라 카스 대교회를 복원한 것이 아닌가 하는 착각이 들 정도였으니 말이다. 그런 생각 때문인지는 모르겠으나 여기저기 남아 있는 아르메니아 십자가, 즉 카치카스들이 더욱 멋지고 아름답게 보였다.

사실 카스 박물관은 선입견이 있어서 그런지 괜시리 망설이며 여차하면 그냥 지나치려고 했었다. 아르메니아 대학살의 영향을 많이 받은 지역이라서 설마 아르메니아 교회 관련 내용들이 남아 있을까 하는 생각이 많았던 것이 사실이다. 필자가 우여곡절 끝에 발을 디딘 카스 박물관은 초입부터 그런 선입견을 완전히 깨뜨려 버리기에 충분하였다. 카스 대교회(The Holy Apostles Church)를 비롯한 주변의 파괴된 교회들에 있었던 물품들이 카스 박물관을 안과 밖으로 가득 채우고 있었으니 말이다. 이슬람 국가나 다름없는 나라의 박물관이 기독교 유적들로 넘쳐 나니 놀라울 따름이었다. 박물관 실내에 전시된 기독교 소장품들은 모두 교회들의 내부에 있었던 것들이다. 그중에서도 카스 대교회의 목조 대문이 원형 그대로 보존되고 있어서 깜짝 놀랐다. 교회들의 곳곳에 놓여 있었던 다양한 십자가 장식들도 투명한 유리로 된 상자에 담겨서 보는 이들로 하여금 그 정교함에 탄성을 자아내게 하였다. 이렇듯 귀중한 교회의 내장품들이 보존될 수 있었던 데는 아르메니아의 격조 높은 문화를 사랑하고 존중하는 이들이 소수나마 있었기에 가능하였다. 특히 카스 지역은 아르메니아 대학살과 곧이어 진행되었던 전쟁의 소용돌이 속에 있었기 때문에 교회의 유산들이 전소되거나 파괴되지 않고 생존했다는 그 자체만으로도 기적과도 같았다.

카스 박물관의 외부 전시물들은 아르메니아 카치카스(십자가)들로 선명하게 수놓아진 각종 비석들과 돌판들로 가득 메워져 있었다. 필자는 박물관 뜰을 가득 메운 돌들 가운데 아르메니아 것이 아닌 유물들이 있는가 해서 유심히 살펴보았지만 하나부터 열까지 기독교의 유물들뿐이었다. 하나님께서 아르메니아인들에게 아름다운 돌을 주시고 그 돌들을 활용할 수 있는 예술적 재능까지 겸하여 주셨음이 확실했다. 아르메니아인들은 돌을 다루는 방면에서는 둘째가라면 서러워할 정도로 탁월함을 겸비하였다. 이런 기독교 유물들을 소장하고 있는 카스 박물관의 직원들이 전시품들을 보여 주며 자랑스러워하는 모습이 약간 어색하긴 했다. 직원들이 튀르키예인이거나 쿠르드족 사람들이었으니 말이다. 이들은 아르메니아 사람이나 그들의 문화유산과 그 어떤 접촉점도 없는데도 단지 자신들이 사는 지역에서 수집된 유산이라 자부심이 있었던 건지 아니면 직업적인 태도였는지는 알 수 없었다. 하여튼 굉장히 부자연스러운 모습이었다.

우라투(Urartu) 문명 중심의 반(Van) 박물관

고대 우라투 왕국은 아르메니아어로 아라랏 왕국이라는 말이다. 노아의 방주가 아라랏산에 도착한 이후 신인류가 반 호수를 중심으로 정착하여 문명의 꽃을 피우며 번창하였다. 노아의 후손임을 암시하는 우라투부터 노아의 방주와 관련된 에피소드들을 간직하고 있는 반 고양이(Van Cat)에 이르기까지 우라투 왕국과 아르메니아는 불가불리의 관계를 형성하여 왔으며 결과적으로 주후 301년에 세계 최초의 기독교 국가가 되는 결실을 맺었다. 우라투 왕국의 찬란한 문명이 빛을 본 지 얼마 되지 않았기 때문에 일단의 역사가들은 '잊혀진 왕국' '잊혀진 문명'으로 부르고 있다.

카스 박물관과는 다르게 반 박물관이 관람료를 받는 데는 그만한 이유가 있었다. 고대 우라투 왕국이 반 지역을 중심으로 동부 아나톨리아와 그 너머까지 영향력을 미쳤기 때문에 현재까지 남겨진 유물만으로도 과거의 휘황찬란한 흔적과 탁월한 문명을 한눈에 파악할 수 있었다. 카스 박물관이 아르메니아 기독교 유적들로 가득 찼다면, 반 박물관은 우라투 문명의 전시관이라 할 정도로 압도적이었다. 필자도 솔직히 우라투 문명의 탁월성을 생생하게 보기는 처음이라 놀라움을 금할 길 없었고 경이롭기까지 하였다.

필자가 반 박물관의 우라투 전시관을 찬찬히 살피다가 특이한 내용을 하나 발견하였다. 적지 않은 우라투 유물들이 국외로 반출되어 여러 나라에서 전시되고 있다는 것이었다. 아마도 이런 사실을 공개적으로 노출시킴으로 해서 국제적인 공감대를 형성하고 유물들을 소장하고 있는 각 나라에서 자발적으로 반환케 하려는 의도이리라. 우라투 왕국의 유물들이 가장 많이 전시되고 있는 나라가 독일이라고 적시되어 있었다. 아마도 세계 제1차 대전부터 독일과 튀르키예의 특별한 동맹관계가 영향을 주지 않았나 생각된다. 기타 국가로는 스위스, 영국, 러시아, 미국 등이 있다. 이런 국보급 문화재들을 소장하고 있는 국가들의 변명은 유물들을 본국으로 송환했을 때 과연 해당 국가에서 원형 그대로 보존할 능력이 있고 안전을 확실히 담보할 수 있는가에 대한 의문을 해소하지 못한다는 것이다. 한편으로는 맞는 말이고 다른 한편으로는 도둑놈 심보이기도 하다.

반 박물관에서 우라투 문명과 함께 아르메니아 기독교 관련 유물들도 나란히 전시하고 있는 것으로 볼 때, 튀르키예나 쿠르드족이 동부 아나톨리아가 원래 아르메니아의 땅이었다는 사실을 부인할 수 없는 모양새다. 아르메니아 대학살 이후 107년이나 세월이 흘렀으니 언제까지 과거의 원한에 사로잡혀 현재와 미래를 희생시킬 수 없다는 공감대가 폭넓게 확산되고 있는 추세임이 확실해 보인다. 지근거리에 국경을 맞대고 있으나 상호 굳게 걸어 잠그고 왕래하지 않은 지도 오래되었으니 여러 분야에서 화해의 손짓을 계속해서 보여 주어 진심이 통한다면 아라랏산의 만년설도 녹이지 않을까? 세계 최초의 기독교 국가이자 동부 아나톨리아를 통째로 뺏긴 아르메니아, 그리고 이슬람권인 아제르바이잔, 튀르키예, 이란, 쿠르드족 등이 흉금을 터놓고 대화하며 왕래하는 그날이 하루속히 오기를 기대해 본다. 특별히 무너지고 파괴될지언정 굴하지 않는 돌들의 소리들을 모두가 듣기를 갈망해 마지않는다.

아르메니아 대학살의 현장을 가다 7

아르메니아 대학살 107주년을 맞은 반 성채(Van Fortress)

동부 아나톨리아의 중심이라고 해도 손색이 없는 반(Van)에 가면 튀르키예에서 가장 큰 반 호수(Lake Van)와 그 호숫가에 우뚝 솟은 반 성채가 가장 먼저 눈에 들어온다. 하나는 바다와 같은 소금 호수라서 그렇고 다른 하나는 길게 늘어져 있는 바위산이기 때문이다. 노아의 방주가 도착한 아라랏산에서부터 고대 우라투 왕국의 기원을 찾게 되듯이 오랜 역사만큼이나 반 호수와 반 성채는 아직까지도 수많은 이야기들을 만들어 내고 있는 중이다. 반 성채를 두르고 있는 반 호수는 고생대 괴생물체의 존재 미스터리, 호수 속에서 발견된 또 다른 성채, 그리고 바돌로매 사도 기념 교회의 인근에 있는 바나도키아처럼 호수 속에도 천상의 굴뚝들(Fairy Chimneys)로 이루어진 기암괴석의 모습까지 품고 있으니 아직도 못다한 이야기가 많은 곳이다.

반 성채를 포함한 주변은 고대 우라투 왕국의 수도였던 투쉬파(Tushpa)로 불렸다. 우라투 왕국은 동부 아나톨리아 전역에 걸쳐서 성채를 건설하고 그 주변에 정착을 하는 구조로 발전하였다. 유구한 역사를 자랑하는 그런 곳에서 자손 대대로 살아오고 있었던 아르메니아 사람들에게 1915년 대학살은 큰 충격이자 씻을 수 없는 민족의 한이 되었다. 세계 역사의 흐름 속에서 동부 아나톨리아는 열강들의 각축장이 되었고, 생존하는 자체가 항상 관건이었던 아르메니아인들은 자연스럽게 투쟁과 저항의 상징처럼 보이기도 했다. 특히 오랫동안 오토만 제국 내에서 자치권을 가지고 아무 문제 없이 상생할 뿐만 아니라 오토만 제국의 경제를 이끌었던 아르메니아인들이 하루아침에 학살과 추방의 대상이 되자 스스로를 보호하기 위해 봉기하였다. 고대 우라투 왕국의 찬란한 영광을 보존하고 있던 반 성채가 그 저항과 항쟁의 중심에 있었다.

저항과 테러 사이

1915년 아르메니아 대학살 당시 아라랏 즉 우라투 왕국의 후예들은 생존을 위하여 저항하였다. 아르메니아인들을 몰아내고 동부 아나톨리아와 주변국들에 흩어져 살고 있는 쿠르드족들 또한 생존을 위한 저항이라고 할 수는 있으나, 아무도 그들을 추방하려고 강제하지 않기 때문에 저항이라기보다는 테러를 통하여 국제적인 관심을 불러일으켜서 궁극적으로는 쿠르디스탄 국가의 창설을 목표로 하고 있다. 하지만 쿠르드족의 테러 방식은 시대의 분위기에 역행하고 수많은 민간인들의 희생만 낳고 있다고 해도 과언이 아니다. 최근에도 이스탄불의 탁심 광장 근처에서 테러가 일어나 6명이 사망하고 81명이 부상을 당하였다. 이에 대한 보복으로 튀르키예는 국경 지역에 산재해 있는 쿠르드족 마을들에 대한 보복 공격을 단행하여 민간인들이 희생되었다.

필자가 시간과 여건이 되는대로 동부 아나톨리아를 방문할 때마다 항상 긴장을 늦출 수 없었던 이유가 바로 테러였다. 한번은 필자의 방문 시기보다 약간 이른 시간에 국제구호단체 직원들이 쿠르드족 테러리스트들에게 납치되어 살해당하는 사건이 발생하였고, 아라랏산 주변으로 그들이 숨어들어 활동하였기 때문에 그 주변을 완전히 봉쇄하고 군경합동으로 소탕작전이 벌어지기도 하였다. 그렇기 때문에 동부 아나톨리아의 어느 지역을 가든지 검문검색이 강화되어 한순간도 긴장을 늦출 수 없었다. 필자는 생김새만 보더라도 쿠르드족이 아니었기 때문에 상황이 위급하지 않을 때는 간단히 통과하였지만, 긴장감이 도는 급박한 상황에서는 서류부터 무장 여부까지 철저하게 조사를 받아야 했다.

죽으면 죽으리다의 에스더가 생각나는 반 성채(Van Fortress)

반 성채가 갖는 저항의 상징성 때문인지는 모르겠으나 1915년 대학살 당시의 아르메니아인들처럼 성경에도 대학살의 위기에 직면했던 민족이 있었으니 바로 에스더와 모르드개의 동족인 유대인들이었다. 에스더의 시기에 우라투 왕국은 고대 페르시아 제국의 지배하에 있었다. 에스더의 남편이자 페르시아 제국의 왕이었던 아하수에로(Xerxes the Great)가 우라투 왕국의 수도를 점령하고 나서 자신의 치적을 반 성채의 바위에 새겨 놓았다. 지금도 반 성채의 한 쪽 바위에 고대 근동의 쐐기문자로 된 아하수에로 왕의 공적이 기록되어 있다.

이 비문을 통해 아하수에로 왕은 선친인 다리오 대왕(Darius the Great)을 높이면서 신의 섭리로 그런 위대함을 물려받은 자신이 왕들 중의 왕이며 세상에서 가장 위대한 통치자임을 선포하고 있다. 에스더서에도 언급되었듯이 아하수에로 왕이 통치하던 제국은 실로 광대하여 고대 이집트로부터 인도의 접경까지 망라하였다. 그가 다스리던 대제국을 생각하면 자신의 치적을 기록할만한 장소들이 무수히 많았을 텐데도 반 성채에 이런 의미 있는 기록을 남긴 것은 고대 우라투 왕국과 그 수도인 반 성채가 차지하는 비중이 결코 적지 않았음을 말해 준다.

역사는 역사를 부르고, 생명은 생명을 부른다

이 문구는 필자가 즐겨 쓰는 표현이다. 역사는 생명이기 때문이다. 반 성채와 주변이 유유히 흐르는 역사의 소용돌이 속에서 지금의 위치에 그대로 서있는 자체가 역사요 생명이다. 그러므로 역사는 숨을 쉬며 거침없이 표현하며 말한다. 돌들이 소리 지르듯이 역사도 소리를 지른다. 정말로 역사에 대하여 귀가 열린 사람은 풀 한 포기 돌멩이 하나가 말하는 역사의 소리를 들을 수 있다. 아르메니아 대학살과 연관된 유적지들을 누비면서 필자가 들은 역사의 소리들을 전달하려고 노력해 오고 있다. 생명인 역사는 희로애락이 고스란히 배어 있다. 때로는 슬픔에 젖어 눈물을 보이기도 하며 반대로 너무 감격하여 기쁨을 주체할 수 없기도 하다.

필자는 뜨거운 태양이 떠오르는 일출도 좋아하고 인생의 마지막 한순간을 불태우듯이 강렬하게 타오르다 곧이어 지는 일몰도 무척이나 즐긴다. 강렬한 햇빛으로 어둠을 물리치며 반 성채를 비추는 태양도 볼 만했지만, 반 호수 너머로 뜨겁게 사라져가는 것을 반 성채에서 바라보니 장관이었다. 자연의 이치처럼 생명인 역사도 일출과 일몰을 반복해 오고 있다. 그런 와중에서도 반 성채와 같은 역사의 흔적들은 자신의 자리를 떠나지 않고 세대를 거치며 생명력을 뿜어내고 있다.

필자가 **세계 최초의 기독교 국가를 가다**를 통해 다룬 아르메니아나 **세계 최초의 여성 조명자 국가를 가다**의 조지아를 다룰 때는 향후 방문 일정과 장소에 대하여 추천을 했었다. 하지만 동부 아나톨리아의 성지에 대해서는 섣불리 안전을 담보할 수 없기 때문에 신중한 것이 사실이다. 진심으로 바라기는 아르메니아인들을 몰아내고 그 땅에 자리 잡고 살고 있는 쿠르드족이 테러가 아닌 다른 방법으로 자신들의 목적을 이루었으면 한다. 그래서 이 지역의 성지를 사모하는 모든 기독교인들이 개인이나 단체로 안전하게 방문할 수 있는 날이 속히 오기를 고대해 마지않는다.

역사와
성지순례 현장
-조지아

세계 최초의 여성 조명자 국가를 가다 1

제2의 천국으로 불린 나라

1950년대 코카서스를 방문했던 존 스타인벡(John Steinbeck)이 했던 말이다. 《에덴의 동쪽》과 《분노의 포도》 등 수많은 명작을 저술했던 그가 난생 처음 보는 코카서스의 웅장함과 자연의 아름다움을 보며 감탄하였다. 존 스타인벡의 표현의 연장선상에서 조지아는 '코카서스의 에덴동산'과 같다고 하는 표현들이 사람들 사이에서 회자되곤 한다. 그만큼 유사 이래로 오랜 역사를 간직한 조지아는 그 나라 사람들에게는 무한한 자긍심이 되고 있으며, 그런 곳에 매료된 외지인들에게는 한 번의 방문에 그치는 것이 아니라 자꾸만 발걸음을 하게 되는 신기한 현상을 불러일으킨다.

자연환경이 뛰어나고 청정지역으로 알려져서인지 조지아 사람들은 물에 대한 자부심도 대단하다. 필자가 조지아의 수도인 트빌리시에서 만난 사람들은 수돗물을 그냥 마셔도 된다고 말하곤 했다. 그만큼 자국의 물이 좋다고 생각하는 사람들이 있는 반면에 아무리 좋은 것이라도 각 개인의 생각이 다르기 때문에 서로의 의견을 존중해야 한다는 의견도 있다. 사실

보르조미는 탄산수로 정평이 자자하여 유사한 물건들보다 가격이 더 높다. 물이 좋은 나라로 불리운 조지아는 제2의 천국, 코카서스의 에덴동산 등과 같은 이미지와 더불어 상큼하고 신선한 인상을 주기에 충분하다.

코카서스의 화약고, 그러나 지금은 평화와 안정

조지아는 21세기 최초의 전쟁이라고 하는 러시아-조지아 분쟁을 겪었다. 일반적으로 발칸반도를 '화약고'라고 부른다. 종교적으로 인종적으로 복잡한 양상을 띠고 있어서 언제든지 무력 충돌이 일어날 가능성이 많기 때문이다. 발칸반도와 비교하여도 전혀 손색이 없는 지역이 바로 코카서스다. 코카서스산맥을 중심으로 다양한 인종과 종교가 공존하고 있으므로 아직까지 독립을 이루지 못한 민족들이 물리적인 방법도 마다하지 않고 홀로서기를 추구하고 있는 중이다. 뉴스를 통하여 많이 접한 '체첸 반군'이라든지 체첸 출신의 과격분자들이 목적을 위해서는 수단과 방법을 가리지 않고 테러를 자행하여 왔다.

아울러 조지아가 독립할 때 포함되었던 압가지아(Abkhazia)와 남오세티아(South Ossetia) 등이 러시아의 지원을 등에 엎고 분리를 감행하였다. 러시아가 코카서스의 소수민족들에게 파격적인 자치권을 부여하고 당근과 채찍으로 자국 영토 안에 머물게 하였으나, 워낙 각 민족들이 정체성이 강해서 러시아의 영향력이 약해질 경우 그들은 언제든지 분리독립을 선언할 것이다. 그만큼 코카서스 주변의 민족들이 태생적으로 갈등의 불씨를 그대로 가지고 있어서 언제든지 폭발할 소지는 다분하다. 게다가 인종적으로도 다양하지만 종교적으로 코카서스의 조지와 아르메니아를 빼면 나머지 민족들과 나라들은 모두 이슬람의 영향이 강하여 언제든지 종교 간 충돌로 인한 전쟁으로 비화할 수 있는 불씨를 안고 있다. 2020년 후반기에 이슬람권인 아제르바이잔이 동질성을 가진 터키의 지원으로 아르메니아를 공격하여 나고르노-칼라바흐 지역의 주도권을 거의 대부분 가져갔다. 코카서스의 기독교권인 조지아조차도 자국의 이득을 위해 아르메니아의 패배를 가만히 지켜볼 수밖에 없는 냉혹한 현실이 펼쳐졌다. 러시아와의 분쟁으로 탈러시아를 목표로 서방과 긴밀한 관계를 지향해 온 조지아가 석유와 천연가스를 아제르바이잔으로부터 공급을 받기 때문에 섣불리 아르메니아 편을 들 수가 없었다. 역사적으로 종교적으로 인종적으로 얽키고설킨 코카서스는 각 민족과 나라의 이해관계에 따라 언제든지 무력 충돌이 발생할 가능성이 굉장히 높은 화약고임에 틀림이 없다. 하지만 조지아를 비롯한 주변국들은 이제 평화와 안정을 누리고 있다.

교회는 민족적 정체성의 원천

필자가 코카서스 조지아를 방문하면서부터 해를 거듭할수록 신비한 매력에 푹 빠졌던 가장 큰 이유를 말할 것 같으면 당연히 교회라고 주저 없이 말할 수 있다. 역사적으로 기독교의 전통이 다르게 발전되어 왔지만 교회는 보편성을 가지고 있으므로 조지아 사도 교회 및 정교회(Georgian

Apostolic and Orthodox Church)도 그런 견지에서 이해함이 좋다고 본다. 유구한 역사를 자랑하는 조지아, 더군다나 세계적으로도 가장 오래된 기독교 전통을 가지고 있는 국가 중에서 둘째가라면 서러워할 나라가 조지아다. 코카서스 지역이 동방과 서방의 교차로에 있던 관계로 역사의 소용돌이 속에서 온갖 굴곡의 삶을 살아야 했던 특성상 조지아라는 나라의 정체성은 교회를 빼고는 설명할 수 없다. 그만큼 현재의 조지아가 독립국가의 지위를 유지할 수 있는 근저에는 교회가 자리 잡고 있다. 조지아의 수도인 트빌리시에서 어디를 가든 크고 작은 교회들로 넘쳐난다. 역사의 질곡 속에서 수많은 교회들이 건립되었다가 이민족의 침입으로 파괴되었고 셀 수 없는 사람들이 직위고하를 막론하고 순교의 제물이 되었거나 처참하게 살해되었다. 그렇게 파괴하고 살육하였는데도 불구하고 조지아의 현재가 존재하는 데는 민족적 정체성의 원천인 교회가 우뚝 서 왔기 때문에 가능한 일이다.

십자가 사건의 생생한 증인들

주님의 지상명령에 따라 오순절 성령 강림 후 땅 끝을 찾아 조지아를 찾았던 사도들은 안드레, 가나안인 시몬, 즉 열심당원 시몬과 맛디아 등이다. 아르메니아에 복음을 전했던 바돌로메와 유다 다데오 사도 등도 조지아에서 사역을 했다고 전해진다. 그런데 여기서 한 가지 주목해야 할 사람들이 있다. 그들은 사도들이 조지아 땅에 와서 복음을 전하기 전에 예루살렘을 방문하여 주님께서 십자가에 못 박히는 모습을 생생하게 목격했던 장본인들이다. 이 역사적인 사건의 현장에 있었던 조지아 사람들은 조지아 엘리오즈 므츠케텔리(Georgia Elioz Mtskheteli, 엘리야)와 론지노즈 카스넬리(Longinoz Karsneli) 등이라고 조지아 교회 역사는 기록하고 있다. 특히 엘리오즈의 모친은 아들로부터 전해 들은 바 주님이 십자가에서 고통당하시는 모습으로 인하여 큰 충격을 받았고 견디기 힘든 비통함에 빠졌었다고 전해진다.

형제 엘리오즈의 십자가 사건을 전해 들었던 그의 누이는 조지아 교회의 역사적인 중심지인 므츠헤타에서 죽었고 소중한 신앙의 유품들과 함께 거기에 안장되었다. 그녀의 무덤 위에 세워진 교회가 바로 스베티츠코벨리(Svetitskhoveli) 카세드럴이었다. 그 뜻은 생명을 주는 기둥이다. 이런 사실들은 조지아 교회가 사도들의 복음 전도와 순교의 토대 위에 세워졌다는 권위와 함께 두 명의 산 증인들이 전한 십자가 신앙에 근거하여 시작되었다는 점을 보여준다. 조지아에 복음을 전했던 맛디아 사도는 바쿠미 근처에서 순교하였고 시몬 사도도 국제법상 조지아 영토인 압카지아에서 거룩한 죽음을 맞이하였다.

여성의 전도로 기독교 국가를 선포한 세계 최초의 나라, 조지아

물론 조지아 교회도 사도들의 직계라는 점에 대하여 굉장히 자랑스러워하고 있다. 하지만 조지아가 기독교 국가로 공인되는 데까지는 약 3세기 전후의 시간이 걸렸다. 조지아 교회 역사에 의할 것 같으면, 기독교 공인

이전에도 교회와 기독교인이 존재했었다는 증거가 있기는 하다. 그렇지만 거국적인 복음화는 주후 326년까지 기다려야 했다. 조지아 교회 역사는 한 나라가 기독교 국가로 우뚝 서는 데 있어서 한 여성 전도자의 비전과 열정이 차지하는 비중이 절대적이었음을 증거한다. 그 여성이 바로 니노(Nino)이다. 세계 최초의 기독교 국가인 아르메니아에서 복음의 빛을 거국적으로 전하며 비추었던 인물이 조명자 그레고리였다. 조지아는 특이하게도 여성 조명자(Illuminator) 니노를 통하여 복음의 밝은 빛을 쪼이게 되었던 세계 최초이자 세계 교회 역사상 유일한 나라이다. 평생 교회사를 연구해 온 필자의 견해로 볼 때, 세계 어느 국가도 한 여성 전도자의 사역으로 복음을 수용하고 기독교를 국교로 선포한 나라가 조지아를 빼고는 한 군데도 없다. 그래서 아르메니아의 그레고리와 함께 조지아의 니노도 사도들과 동등한 반열에 추대하여 존경을 표하고 있다.

세계 최초의 여성 조명자 국가를 가다 2

코카서스가 백인 우월주의 근거?

미국에서 인종적으로 백인을 지칭하는 말이 코카시안(Caucasian)이다. 이 용어의 기원은 1795년으로 거슬러 올라간다. 당시 독일의 저명한 물리학자이자 인류학자인 조한 프리드리히 블루멘바흐(Johann Friedrich Blumenbach)가 코카서스 지역에서 발견된 한 여성 유골을 분석하면서 백인이 세상에서 가장 아름답고 선진화된 인종이라고 확신하였다. 그는 세계의 인종을 다섯 부류로 구분하면서 백인, 즉 코카시안을 가장 높은 정점에 두었다. 그가 분류한 바에 의하면, 코카시안은 백인뿐만 아니라 더 넓은 지역에까지 적용되었다. 그런 근거에서 미국에서는 한 아시안이 자신도 코카시안, 즉 백인의 분류에 포함시켜야 한다고 법원에 소송을 제기했다가 패소한 웃지 못할 일도 있었다. 유럽이나 기타 지역에서는 인종차별적인 뉘앙스가 강한 이 용어를 쓰지 않거나 거의 소멸된 상태인데 차별 없는 인권을 그렇게 강조하는 미국에서 여전히 이 용어를 공식적으로 사용하고 있는 현실이 매우 아이러니하다.

딸이 출생하면 니노(Nino)

현재 코카서스 조지아의 인구 중 여성이 차지하는 성비가 남성을 능가하고 있다. 이런 성비의 불균형의 원인이 여러 가지가 있겠지만 아마도 조지아 국내의 일자리가 부족하여 남자들이 해외로 진출한 것이 주된 요인 중에 하나이지 않나 생각해 본다. 필자가 '세계 최초의 기독교 국가를 가다'를 통해 아르메니아에서 여자 아이가 태어나면 애니(Ani)라는 이름을 붙여서 과거 찬란했던 아르메니아의 역사를 기억한다고 언급했다. 코카서스 조지아는 세계 최초의 여성 조명자로서 한 여성의 전도로 기독교를 국교로 선포한 유일한 국가라는 점에서 딸이 태어나면 '니노'라고 이름을 붙여서 자랑스런 역사를 기억하고 있다. 현재 조지아에서 여성의 비율이 더 높은 데다가 딸들에게 가장 선호하는 이름인 '니노'를 붙인 관계로 사람들이 많이 모이는 곳에서 '니노'라고 부르면 반응하는 숫자가 생각보다 많아서 놀랄 것이다.

순교자의 면류관 대신 조지아의 복음화를 위해 부름을 받은 소명자, 니노(Nino)

니노는 로마 제국에서 명성이 자자했던 부친 자빌론(Zabilon) 장군과 모친 수사나(Susana) 사이에서 태어난 여식이었다. 모친 수사나는 예루살렘의 감독과 친남매 지간이었다. 갑바도키아의 니노라고 불리게 될 어린 소녀는 외삼촌이 감독으로 있던 예루살렘에서 교육을 받기도 했다. 그녀는 자신의 삶을 온전히 주님께 드리기 위해 '가야네'가 이끄는 공동체에 합류하였다. 가야네는 로마에서 공동체를 이끌다가 디오클레시안 황제의 박해를 피해서 북아프리카 이집트의 알렉산드리아를 거쳐 아르메니아에 은신처를 정했던 인물이었다. 그녀는 30여 명의 공동체 소속 여성들과 함께 순교함으로 아르메니아가 세계 최초의 기독교 국가가 되는 데 있어 소중한 토대를 마련했던 여성 지도자요 순교자였다. 그들 중에 디오클레시안 황제와 아르메니아의 왕인 티리다테스 3세의 정치권력을 동원한 강제적인 구애에도 굴하지 않고 신앙의 절개를 지켰던 '흐립시메'도 포함되어 있었다.

놀라운 사실은 아르메니아 최초의 여성 지도자요 순교자인 가야네가 이끌던 바로 그 공동체에 니노(Nino)도 한 구성원으로 소속되어 있었다는 것이다. 사실 흐립시메도 왕족 출신의 귀족이었고 니노도 로마 제국의 최상류층에 속했다는 사실을 놓고 볼 때, 가야네의 공동체에 속한 대부분의 여성들이 왕족이거나 최상류층 귀족이었을 가능성이 대단히 높다. 이 말은 초대교회 역사상 가장 처절한 박해를 자행했던 디오클레시안 황제의 턱 밑까지 기독교의 영향력이 확산되어 있었다는 의미다. 역사를 돌이켜 보면, 디오클레시안의 대대적인 박해를 통해 기독교는 로마 제국 전체로 더욱 빠르게 전파되었다는 역설이 성립된다. 사실, 많은 기독교인들이 디오클레시안 황제의 박해가 끝나고 콘스탄틴 황제가 주도한 313년 밀란 칙령으로 로마 제국 내에서 기독교에 대한 박해가 끝났다고 알고 있는 경우가 적지 않다. 칙령이라는 문서 자체만 볼 때 박해의 종식이 맞지만, 실제적으로 로마 제국 전체로 볼 때는 324년에 가서야 온전히 박해가 종식되었다는 사실을 기억할 필요가 있다. 왜냐하면 당시 유럽을 중심으로 서쪽을 통치하던 콘스탄틴 황제의 지역에서는 밀란 칙령이 제대로 적용되었지만, 아시아와 북아프리카 등 동쪽을 통치하던 니시니우스(Nicinius) 황제의 지역에서는 박해가 지속되었기 때문이다. 아울러서 로마 제국이 기독교 국가임을 선포한 때도 313(밀란 칙령)년이나 324(니케아 종교회의)년이 아니고 데오도시우스 황제가 선포한 '데살로니가 칙령'에 근거하여 380년임을 기억하면 좋을 것이다.

다시 니노로 돌아가서 보자면, 아르메니아가 301년에 세계 최초로 기독교를 국교로 선포하기 1년 전에 가야네를 비롯한 공동체 소속 여성들이, 절세가인인 흐립시메를 자신의 부인으로 삼지 못한 티리다테스 3세의 광기어린 폭거에 희생되어 30여 명의 여성들이 순교의 피를 흘릴 때, 가야네의 공동체에서 유일한 생존자가 있었는데, 그 인물이 바로 '니노'이다. 이 점에 대하여 조지아 교회의 역사는 이 절체절명의 순간에 '니노'가 생존할 수 있었던 이유가 바로 조지아의 구원을 통한 기독교 복음화에 있었다고 기록하였다. 당시 니노는 '조지아에 추수할 것은 많은데 일군이 부족하다'라는 비전과 소명을 받았다고 전해진다. 아르메니아에서 '니노'와 동고동락했던 동역자들이 처절한 고문으로 혀가 뽑히고 눈이 멀고 사지가 찢겨지는 고통을 당하며 순교하던 상황 속에서 '니노' 혼자만 살아남았다는 사실만으로도 기적이 아닐 수 없었다. 하지만 '니노' 개인에게는 그들과 함께 고난과 순교에 동참하지 못한 비통함과 미안함이 결코 적지 않았을 것이다. '니노'는 그런 부담감을 사명으로 승화시키며 자신의 몸을 불살라 조지아의 복음화를 위해서 고문을 당하는 심정으로, 순교하는 각오로 헌신하였다.

하나님의 역사에는 결코 우연이 없다

니노는 기가 막힌 사망의 구렁텅이에서 살아남아 사명 하나로 버티면서 아르메니아와 조지아 국경 지역에 위치한 파라바니 호수(Paravani Lake)에서 구체적인 비전을 보았다. 조지아 교회 역사는 '한 사람이 봉인된 책을 주면서 므츠헤타에 있는 이방인 왕에게 갖다 주라'는 비전을 '니노'가 받았다고 기록한다. 니노가 하필 이 무렵에 구사일생으로 살아나서 비전을 가지고 조지아로 오게 된 역사적인 시간들이 결코 우연이 아니었다. 아울러 하필 이 무렵에 코카서스 지역의 정치지형이 획기적으로 바뀌기 시작하였다. 당시 세계의 패권을 놓고 로마 제국과 신생 페르시아 제국이 대립하고 있었는데 코카서스가 그 경계 지역에 있었던 관계로 국제정치의 변화에 따라 조지아의 상황도 요동치곤 했다. 298년에 니시빈(Nisibin)에서 로마 제국과 신생 페르시아 제국이 평화 협정을 체결함으로써 조지아는 서구세계, 즉 로마 제국과 더욱 긴밀한 관계를 유지하게끔 역사는 흘러갔다. 결과적으로 하필 그 무렵에 밀란 칙령이 313년에 선포되었고 곧 이어 세계 최초로 니케아 종교회의가 324년에 개최되었다.

이런 흐름 속에서 니노(Nino)의 전도로 수많은 사람들이 복음을 받아들었는데, 하필이면 회심자 중에 조지아 국왕 미리안(Mirian)의 왕비인 나나(Nana)가 있었다. 그녀는 중병에 걸렸다가 니노를 통해서 치유를 받았고, 왕비를 통하여 직간접적으로 영향을 받고 있었던 미리안 왕도 하나님이 정한 시간에 특별한 계기를 통해서 복음을 받아들였다. 이제 모든 환경이 조지아가 한 여성의 전도로 기독교를 국교로 선포할 수 있는 필요충분 요건을 갖추게 되었다. 조지아 교회 역사는 기독교를 국교로 선포한 해가 326년이라고 기록하고 있다. 아시아와 아프리카를 통치하던 니시니우스 황제를 제압하고 로마 제국의 유일한 황제로 군림한 콘스탄틴 대제가 존(John) 감독, 성직자들, 그리고 석재 기술자들까지 보내 주어 조지아 전역이 빠른 속도로 기독교화하는 과정에서 도움을 아끼지 않았다. 니노와 성직자들은 므츠바리(Mtsvari, 러시아어 쿠라, Kura) 강가에서 거국적인 세례를 베풀었다. 콘스탄틴 황제는 역사적인 기독교 유물들까지 조지아 교회에 보내 주어 조지아 사람들에게 역사적인 기독교의 증거들을 보여 주려고 최선을 다했다.

세계 최초의 여성 조명자 국가를 가다 3

조지아가 하나님으로부터 물을 선물로 받았기 때문에 물과 관련된 조지아 교회 역사를 살펴보고자 한다.

눈-물의 골짜기

코카서스 조지아는 눈이 녹아서 생긴 물로 유명한데 각종 영양소가 풍부한 물 때문에 명성이 자자하다. 이런 청정 자연이 주는 물 때문에 코카서스에 사는 사람들은 장수하는 이가 많다. 아울러 눈이 녹아서 흘러내리는 눈-물만큼이나 코카서스는 각종 전쟁을 통하여 인간들의 눈물도 많은 곳이다. 푸시킨의 시, 〈코카서스의 포로〉는 톨스토이가 《코카서스의 포로》라는 단편 소설로 각색하여 더욱 유명해졌다. 톨스토이의 소설은 제1차 세계 대전 당시 코카서스의 체첸인들에게 포로가 되었던 러시아 군인들의 이야기를 다룬 것이다. 체첸군인들이든 포로들이든 모두 코카서스의 눈-물을 마시며 그들 각자의 이야기들을 만들어 갔다. 특히 톨스토이의 소설을 각색해서 만든 영화에서 주요 등장인물 가운데 한 사람인 '압

둘 무라트'라는 체첸인을 연기한 배우가 '체말 시카루리체'라는 조지아인
이다. 코카서스의 눈물의 골짜기는 이래저래 인생들의 희로애락이 고스
란히 묻어 있는 곳이다.

코카서스 조지아의 실로암 연못

이렇듯 조지아가 하나님으로부터 생명력 있는 물을 선물로 받았기 때문
에 물에 대한 이야기는 매우 중요한 주제이다. 조지아 교회 역사는 여성
조명자 니노의 전도로 주후 326년에 기독교를 국교로 선포하였다고 기록
하였다. 아르메니아에서 거룩한 순교의 제물이 되었던 가야네와 흐립시
메 등 30여 명의 여성들의 고귀한 희생을 생각하며 조명자 니노는 조지아
의 생명들을 위해 순교하는 자세로 열정을 불태웠다. 그 결과 유구한 세
계 기독교 역사에서 니노는 최초의 여성 조명자요 조지아로 하여금 한 여
성의 전도로 기독교를 국교로 선포한 세계 최초의 나라가 되도록 헌신하
였다. 이 엄청난 사역을 마친 조명자 니노는 조지아 왕실이나 더 나아가
로마 제국의 유일한 절대군주가 된 콘스탄틴 황제로부터도 부와 명예를
차고 넘치게 받을 수도 있었기 때문에 평생을 호의호식하며 살 수 있었
다. 하지만, 아르메니아의 조명자 그레고리와 같이, 여성 조명자 니노도
거국적인 스포트라이트를 뒤로하고 한적한 곳으로 가서 남은 생애를 조
용히 보냈다. 세상의 명성이나 부귀영화 보다 전능자의 그늘을 더 사모
했기 때문이리라.

조명자 니노가 말년을 조용히 묵상하며 보냈던 곳이 보드베(Bodbe)이다. 현재의 건물은 9세기에 세워진 것으로 그동안 역사의 부침을 겪으며 수차례에 걸친 재건과 보수를 반복해 왔다. 이곳이 유명해지게 된 이유도 조명자 니노 때문이었다. 조명자 니노가 여기서 말년을 보내다가 소천하였고 이곳에 안장되었다. 조지아의 국왕은 그녀의 업적을 기억하면서 니노의 무덤 위에 작은 수도원을 건립하였다. 그때로부터 수많은 순례객들이 이곳을 찾아 조명자 니노의 하나님 나라를 위한 희생과 헌신을 기억해 오고 있는 중이다. 일반적으로 보드베를 찾는 개별 순례객들이나 단체 방문자들이 보드베 수도원과 그 경내를 돌아보는 것으로 일정을 마치거나, 대개는 주변의 경치가 워낙 좋기 때문에 이 경내에서 사진을 찍는 정도로 마무리를 하는 경향이다.

하지만 이곳으로부터 산 아래로 약 2킬로미터 떨어진 곳에 조지아의 실로암 연못이 있다는 사실을 아예 몰라서 아니면 시간에 쫓겨서 그런지는 모르겠으나 이곳을 방문하는 한국 사람들은 거의 없는 것 같다. 조명자 니노의 헌신을 기억하려는 순례자들은 보드베 수도원으로부터 계단을 이용하여 '니노의 샘물'로 걸어서 내려가기도 한다. 아니면 '니노의 샘물'이 워낙 유명하여 도로가 잘 정비되어 있으므로 차로 이동해도 된다. 원래 니노는 자신의 부친인 자빌론 장군과 모친인 수사나를 기념하기 위해 조촐한 건물을 마련했다고 한다. 초대교회 당시 복음이 전파되는 곳곳에서 기사와 이적이 전도자들을 통해 자주 일어났기 때문에 니노가 가는 곳마다 그런 초자연적인 역사가 목격되었다. 조지아 기독교 역사는 '니노의 샘물'을 통하여 수많은 사람들이 병 고침을 받고 기적을 경험했다고 기록하였다. 지금도 니노의 샘물에 가면 물을 마실 수도 있고 현장에서 제공하는 옷으로 갈아입고 건물 안으로 들어가 몸을 담글 수도 있다. 니노의 흔적을 기억하고 체험해 보고 싶은 사람은 순서를 기다렸다가 의복을 정제하고 들어가서 직접 체험해 보는 것도 좋은 추억이 될 것으로 보여진다. 니노의 시대 이후 현재까지도 그 물에 몸을 담갔던 사람들의 생생한 체험담이 나오고 있다는 견지에서 니노의 샘물은 조지아의 실로암 연못이라고 해도 과언이 아닐 듯싶다.

조명자 니노는 보드베에 정착한 후 중병에 걸려서 소천하였고 지금의 자리에 묻혔다. 조지아의 조명자 니노가 죽기 전에 그녀가 살아온 인생 여정을 두 여인에게 소상하게 알려 주었다. 그 여인들은 조지아 국왕인 미리안의 며느리였던 살로메 우자르멜리(Salome Ujarmeli)와 또 다른 귀족인 페로자브로 시브니엘니(Perozhavr Sivnieli) 등이었다. 이들의 진술이 기초가 되어 중세시대에 《니노의 생애》라는 책이 정식으로 출판되어 그녀의 이야기가 세상에 널리 알려지게 되었던 것이다.

신의 한 수(水, 물 수), 포도 열매에서 나온 물들

조지아의 물에 대하여 말할 때 빼놓을 수 없는 것이 바로 신이 내린 물이라고 하는 포도주이다. 노아의 방주가 도달했던 아라랏산과 신인류의 기원이 되었던 아르메니아를 위시하여 바로 이웃 나라인 조지아는 포도 농사의 역사가 가장 길다. 성경과 역사에서 기록하고 있는 대로 방주에서 나온 노아가 포도농사를 지었고 추수한 후 그 음료를 마시고 만취한 기록이 있기 때문이다. 그때를 기준으로만 보아도 수천 년의 역사를 간직하고 있는 셈이다. 조지아에서 재배되는 포도의 종류도 수백 종에 이른다고 한다. 고고학적인 발굴들을 통해 드러난 포도주 생산의 역사와 방식은 실로 경이롭다고 하겠다. 지금도 수천 년 동안 내려온 전통적인 방식으로 포도주를 만들고 있으므로 다른 나라의 것들과는 역사나 전통의 측면에서 완전히 결이 다르다는 견해가 지배적이다. 그만큼 깊게 베인 전통의 풍미가 느껴진다는 말이리라. 조지아에서 포도주는 모든 음식을 요리할 때 조미료처럼 사용되는 생필품이다. 그렇기 때문에 신의 한 수(水), 즉 포도주를 머금은 조지아 요리는 세계인들의 미각을 자극할 정도로 명성이 자자하다.

보통 보드베 수도원에서 조명자 니노의 발자취를 보고 난 후 시그나기(Sighnaghi)로 이동하여 탁 트인 전경을 보면서 식사를 하거나 주변을 산책하며 망중한을 보낸다. 시그나기에서 바라보는 드넓은 들판과 멀리 보이는 코카서스산맥의 줄기들이 어우러져 장관을 이루기 때문에 그냥 식당이나 카페에 앉아서 멍 하니 관망하는 것도 힐링의 한 방식이라 생각한다. 특히 시그나기 국립 박물관이 있는 광장에서 시그나기 호텔을 끼고 더 위로 올라가면 오크로라는 레스토랑이 나온다. 그 건물 꼭대기로 올라가서 자리를 잡고 풍경을 보면 몸과 마음이 저절로 힐링이 됨을 느낄 것이다. 그 위에서 내려다보이는 교회당, 시그나기 성벽, 그리고 오밀조밀하게 예쁜 건물들이 조화를 이루어 시원함을 선사한다. 이 레스토랑에서 식사를 해도 되고 그냥 차나 커피 등 음료만 마셔도 된다. 그 위에서 내다

보이는 드넓은 들판이 모두 포도를 재배하는 최적의 장소라니 그저 놀라울 뿐이다. 그렇게 포도 들판을 보고 있노라면 포도에서 추출된 물이 거대한 강을 이루어 유유히 흘러가는 듯한 착각을 불러일으킨다. 그렇듯 조지아는 산이나 들이나 각종 물로 넘쳐 나는 상쾌하고 청정한 곳이다.

세계 최초의 여성 조명자 국가를 가다 4

더운 물, 뜨거운 물(Warm Springs)이라는 뜻을 가진 도시, 트빌리시(Tbilisi)

이전 글에서 다루었던 눈이 녹아서 흐르는 눈물, 여성 조명자 니노의 샘물(조지아의 실로암 연못), 그리고 신의 한 수인 포도와 관련된 물 등은 모두 차가운 물(Cold Water)로 풀어본 교회 역사였다. 이번에는 차가운 물 대신 더운 물, 뜨거운 물을 중심으로 코카서스 조지아 교회의 역사를 바로보고자 한다. 조지아의 청정 자연과 고풍스러운 역사의 흔적을 음미하려는 방문자들이 가장 먼저 발을 디디게 되는 곳이 트빌리시 국제공항이다. 이 공항에서부터 조지아의 수도인 트빌리시에 대하여 귀가 따갑도록 듣게 된다.

하지만 정작 트빌리시의 단어 뜻과 유래에 대해서는 아는 이가 그리 많지 않아 보인다. 조지아 교회 역사에서 교회를 받들어 섬겼던 제왕들이 많이 있었는데 그중에 바흐탕 고르가살리(Vakhtang Gorgasali) 왕의 업적은 단연 돋보인다. 하루는 바흐탕 1세가 삼림이 우거진 곳에서 사냥을 하다가 자신의 사냥용 매가 꿩과 함께 뜨거운 물에 빠져서 죽어 있는 것을 발견하였다. 바흐탕 1세가 뜨거운 물이 솟아나는 곳에 매료되어 주변의 나무들을 베어내고 도시를 건설해 나간 것이 조지아의 수도 트빌리시의 시작이었다. 그의 아들인 데이치(Dachi) 왕이 부친의 유지를 받들어 공식적으로 수도를 므츠헤타에서 트빌리시로 옮겼다.

더운 물처럼 뜨거운 삶을 살았던 바흐탕 왕

바흐탕 고르가살리 왕, 즉 바흐탕 1세는 조지아를 정치적으로 교회적으로 진정한 자주 국가의 위상을 갖도록 '뜨거운' 열정을 불살랐다. 당시의 정황상 정치와 종교를 분리할 수 없었기 때문에 바흐탕 왕은 불을 섬기는 신생 페르시아 제국과 기독교권인 비잔틴 제국 사이에서 약소국의 설움을 온몸으로 체득하고 있었다. 신생 페르시아 제국은 불을 섬기는 조로아스터교의 영향력을 확대하려고 호시탐탐 노리고 있었고, 조지아가 326년 한 여성 조명자의 영향으로 기독교를 국교로 선포한 세계 최초의 국가적 위상을 만천하에 공포하였지만 대국인 비잔틴 제국의 정치적 종교적 간섭을 받는 상태였다. '뜨거운 물'을 좋아하는 바흐탕 1세는 세계의 패권을 다투던 양 제국의 틈바구니에서 자주적 국가와 교회의 기틀을 튼튼히 하기 위해 자신의 생명이 다하는 순간까지 뜨거운 눈물과 뜨거운 피 흘림으로 헌신하였다.

뜨거운 이슈 하나, 단성론과 양성론의 대립

콘스탄틴 대제가 324년에 소집했던 니케아 종교회의는 세계 최초의 국제 기독교 연합 모임이었다. 이 종교회의는 명실상부하게 로마 제국 내에서 기독교에 대한 박해가 완전히 종식되었다는 이정표였다. 아울러 얼마 전까지만 해도 박해를 피해서 카타콤이나 지하 동굴이나 한적한 곳을 찾아 도망 다니던 각 지역 교회의 지도자들이 황제가 마련한 최고의 대우를 받으며 한 곳에 모였던 경이로운 풍경이었다. 이런 모습만 보면 단순히 격세지감을 느끼며 갑자기 변한 환경에 적응하기 쉽지는 않았지만, 반대로 한번 그런 달콤한 맛을 들이면 쉽게 떨쳐내기 쉽지 않을 정도로 중독성이 강한 것도 사실이다. 콘스탄틴 황제가 신앙이 좋아서 진정 종교적인 이유 때문에 이런 자리를 마련했을까? 일면 맞는 말이지만, 그 뒤에는 정치적으로 심각한 문제가 도사리고 있었다. 콘스탄틴 황제가 우여곡절 끝에 동방을 지배했던 니시니우스 황제를 제압하고 명심상부한 일인 황제 시대를 여는 것까지는 좋았는데, 북아프리카 알렉산드리아 출신의 아리우스라는 인물에 의해 예수 그리스도가 피조물이며 성부 하나님께 종속된다는 교리를 설파함으로써, 기껏 통일시킨 로마 제국이 이 문제로 두 동강이 날 절체절명의 위기에 봉착해 있었다. 그래서 니케아 종교회를 통해 이 문제를 극복하고 통일된 기독교 교리를 통해 제국의 통치 이데올로기를 확립하고 보다 쉽게 제국민들을 다스릴 길을 모색하였던 것이다.

니케아 종교회의에서 아리우스와 그를 추종하는 사람들을 이단으로 정죄하고 통일된 교리를 확립하는 데 성공한 듯 보였으나, 하나님의 아들이

신 예수 그리스도께서 인간의 몸을 입고 이 땅에 오신 것이 제국 교회의 일치를 지향하는 데 있어 발목을 잡았다. 예수 그리스도는 신성과 인성이 모두 완전하다는 양성론과 신성만 있다는 단성론이 극단적으로 대립하게 되었다. 당시에 5대 교구가 로마 제국 내에 있었는데, 예루살렘, 안디옥, 알렉산드리아, 콘스탄티노플, 그리고 로마 등이다. 각 교구별로도 이 문제에 대한 이견이 있었다. 324년 니케아 종교회의 이후 논란을 거듭하던 이 문제는 451년 칼케돈 종교회의를 통해 양성론으로 정리되었다. 하지만 단성론을 지지하는 세력 또한 만만치 않아서 상당히 오랫동안 교리적 대립을 하였다. 조지아 교회도 단성론과 양성론이 대립하다가 양성론으로 정리되어 갔다.

뜨거운 이슈 둘, 정치적 교회적 자주 독립

바흐탕 1세는 자신의 어머니와 누이를 대동하고 예루살렘을 방문하였다. 기독교의 기원을 이루었던 예루살렘 방문은 왕으로 하여금 조지아 국가와 교회의 주권 확립을 위한 신호탄이었다. 당시 조지아는 정치적으로 양 제국에 의해 좌지우지 되고 있었고, 교회도 안디옥 총대주교의 영향력하에서 종속된 상태였다. 더 나아가 비잔틴 제국의 영향을 강하게 받게 되면서 지리적으로 콘스탄티노플과 가까워서인지는 모르겠으나 거기서 직접 조지아의 대주교를 파송하여 노골적으로 내정간섭을 하고 있었다. 콘스탄티노플에서 파견된 마이클(Michael) 대주교는 신생 페르시아 제국의 조로아스터교를 철저하게 배격하는 성과를 낸 것 까지는 좋았다.

하지만 마이클 대주교는 정치와 종교 등 모든 분야에서 월권을 자행함으로써 조지아 국민들로부터 큰 반감을 샀다.

바흐탕 1세는 예루살렘을 다녀온 후 탁월한 정치력을 발휘하여 밉상 중의 밉상이었던 마이클 대주교를 축출한 후, 피터(Peter)를 카톨리코스(Catholicos, 총대주교)로, 콘스탄티노플 출신의 사무엘(Samuel)을 대주교로 축성되도록 함으로써 다른 주요 대교구, 특별히 콘스탄티노플의 간섭을 받지 않는 교회의 자주권을 확고히 다졌다. 바흐탕 1세는 조지아의 주요 거점에 권역별로 주교좌(bishoprics)를 설치하여 거국적인 교회 개혁을 성공리에 진행하였다. 향후 조지아 교회는 콘스탄티노플로부터 임명받은 고위 성직자가 아니라, 자국의 귀족 출신 중에 신앙이 좋고 모든 면에서 탁월한 능력을 가진 사람들이 총대주교직을 이어갔다.

마지막 뜨거운 눈물, 뜨거운 피

바흐탕 고르가살리, 즉 바흐탕 1세는 거국적으로 교회를 개혁하고 조직하며 자주 국가로서의 위상을 세워 나갔다. 하지만 바흐탕 1세가 교회의 기초를 확고하게 하면 할수록 불을 숭배하는 조로아스터교의 신생 페르시아 제국은 정치적으로 완충지대에 있던 조지아가 기독교권인 비잔틴 제국과 밀착되어 국제 정치의 균형이 깨지는 것을 방관하지 않았다. 신생 페르시아 제국과 조지아의 대결은 다윗과 골리앗의 대결보다 훨씬 더 불리한 것이었다. 계란으로 바위를 치는 것과 같이 참으로 무모한 도전이었지만 바흐탕 1세는 교회와 국가를 위해 마지막까지 헌신하다가 신생 페르시아 제국과의 전쟁 중에 치명적인 상처를 입게 되었고 급기야 뜨거운 피를 조국의 땅에 흩뿌림으로 최후를 맞이하였다.

트빌리시 구시가를 한눈에 볼 수 있는 주요 명소들이 있다. 그중에 바흐탕 1세와 관련하여 굉장히 아름다운 포인트가 있는데, 메테히(Metekhi) 교회와 그곳에 세워진 바흐탕 1세의 기마상에서 바라보는 구시가는 탄성이 절로 난다. 거기서 바라보는 나리칼라 요새와 주변도 대단히 아름답다. 특별히 바흐탕 1세의 기마상이 바라보는 곳이 트빌리시 구시가에 위치한 온천지대라서 여러 가지 함축하는 의미가 크게 다가온다. 이렇듯 바흐탕 1세는 뜨거운 물에 매료되어 트빌리시가 조지아의 수도가 되도록 결정적 역할을 하였고, 조지아의 정치적 교회적 자주권을 확보하기 위해 뜨거운 열정과 뜨거운 피를 뿌림으로 '더운 물, 뜨거운 물'을 주제로 한 조지아 교회사의 한 획을 긋는 큰 족적을 남겼다. 하나님이 조지아에 선물로 내린 물은 차가운 물과 뜨거운 물 모두 조지아로 하여금 독특한 이미지를 갖도록 하기에 부족함이 없다.

세계 최초의 여성 조명자 국가를 가다 5

고난과 역경으로 빚어진 여성 조명자 국가

조지아가한 여성 조명자의 헌신으로 기독교를 국교로 선포하기 이전에 조지아인 두 명이 주님의 십자가 사건을 생생하게 목격하였다고 조지아 교회 역사는 기록하고 있다. 이렇듯 예수 그리스도의 교회를 상징하는 십자가는 고난과 영광을 함께 상징하고 있다. 조지아도 고난과 역경을 통하여 주님의 영광을 드러내며 끈질긴 생명력을 이어 오고 있는 중이다. 청정자연을 자랑하는 코카서스산맥에서 눈이 녹아내리는 눈·물의 시냇가와 강들을 통해 잘 다듬어진 조약돌들이 방문자들의 시선을 사로잡는다. 오랜 세월을 흐르고 흘러서 맨들맨들해진 조약돌처럼 조지아 교회도 고난으로 다듬어져서 영광스러운 면모를 뽐내고 있다.

조지아 전역에 산재한 교회들과 수도원들이 잘 다듬어진 돌과 나무 등으로 건축되어 고풍스러운 역사의 기운과 경건한 분위기를 드러내고 있다. 비교적 최근에 건축된 트빌리시의 삼위일체 교회, 즉 사메바 교회의 건축물들이나 웅장한 까즈베기산을 가까이서 볼 수 있고 14세기경에 지어진 게르게티(Gergeti) 삼위일체 교회(사메바 교회)도 각기 시대에 맞게 잘 다듬어져서 오늘에 이르고 있다. 특히 까즈베기의 게르게티 사메바 교회는 구 소련 당시에 모든 예배가 금지된 상태에서도 방문객들의 발걸음이 끊이지 않을 정도로 사랑을 받아 왔다.

아울러 고풍스러운 교회들은 비, 바람, 그리고 눈 등을 견디며 건물 구석 구석이 자연적으로 깎이고 다듬어져서 색다른 감동을 주기도 한다. 기독교 관련 건물들이 곳곳에 역경의 흔적들을 간직하고 있듯이, 역사적으로 조지아의 기독교인들은 풍전등화와 같은 위기 속에서도 꺼지지 않는 등불처럼 잘 다듬어지고 깎여서 민족 교회로서의 정체성을 더욱 확고하게 계승 발전시켜 왔다.

눈-물로 다듬어진 조약돌 하나: 아랍계 이슬람의 흥기와 민족적 신앙적 정체성 강화

초대교회가 마감되고 중세시대로 접어들면서 기독교 세계는 격변의 시대를 맞이하였다. 유럽을 중심으로 하는 서로마 제국에서는 로마인들이 역사의 뒤안길로 사라지고 게르만족들이 주체로 등장하였다. 게르만족들 가운데서 주요 부족 중 하나인 고트족들이 울필라스의 전도와 성경 번역으로 기독교화되어 있었기 때문에 향후 유럽이 신앙적으로 하나가 되는 것은 시간문제였다. 하지만 동로마 제국, 이후에 비잔틴 제국에서는 예루살렘을 비롯한 팔레스타인, 북아프리카, 그리고 소아시아(지금의 터키) 등 광활한 영토가 신흥종교인 이슬람을 추종하는 아랍인들의 수중에 떨어지고 말았다. 비잔틴제국은 소아시아의 타우루스산맥을 이용하여 가까스로 아랍계 이슬람의 확장을 저지할 수 있었다. 아랍의 이슬람들은 북아프리카를 평정한 후 지브로올터 해협을 건너서 스페인 전역을 점령하였다. 그들은 피레네산맥을 넘어 유럽 전체를 넘보았으나, 당시 프랑크(현재의 프랑스) 왕국의 찰스 마르텔에게 저지를 당하여 더 이상의 정복은 할 수 없었다.

아랍의 이슬람이 흥기한 원인들

국제 질서를 순식간에 뒤집어 놓은 아랍족들의 흥기는 어떤 원인들에 근거하였을까? 필자가 교회사를 강의하면서 이와 관련하여 질문을 던지곤 하였다. 가장 많은 대답이 '모릅니다'였다. 아직 설명하지 않았으니 모를 수밖에. 하지만 아랍의 흥기와 관련하여 유력한 답 중에 '모른다'도 있어서 필자는 '모르고' 대답한 학생들에게 '정답입니다'라고 외치곤 하였다. 역사에는 개연성이 있기 때문에 '모른다'도 답이 될 수 있고, 아랍이 흥기한 원인과 관련해서는 상당히 권위 있는 답이기도 하다. 일반적으로 가장 큰 원인은 인구의 급격한 증가를 꼽는다.

두 번째로는 이슬람(복종)이라는 종교를 통하여 아라비아 반도에서 급팽창한 아랍족들을 하나로 단합시켜서 정복전쟁을 통해 잠재된 긴장과 갈등을 해소함은 물론 아랍인들의 실제적인 필요들을 충족시킬 수 있었기 때문이다. 어떤 이들은 아랍인들의 정복전쟁을 종교전쟁으로 해석하여 그들이 가는 곳마다 '코란이 아니면 칼, 즉 죽음'이라는 식의 설명을 하는데, 이것은 극히 지엽적인 부분이라는 점을 기억할 필요가 있다. 아랍의 흥기는 인구 팽창으로 말미암아 나름대로의 생존을 모색했던 정복전쟁이었음을 유념하면 좋을 것이다.

아울러 이슬람을 적대시하고 호전적인 기독교의 시각으로만 볼 것이 아니라, 사실에 근거한 올바른 해석이 옳다고 본다. 예를 들어, 아랍족들이 북아프리카를 정복하고 에티오피아 교회와 기독교인들에게 호의를 베풀었던 일을 생각해야 한다. 왜냐하면 아라비아반도에서 마호멧의 추종자들이 박해를 피해서 홍해를 건너 에티오피아로 피신했을 때 그곳의 기독교인들이 그들에게 호의를 베풀었던 사실을 아랍인들이 잊지 않았고 보은의 차원에서 선의를 베풀었기 때문이다.

조지아 교회의 시련

순식간에 아랍인들은 신생 페르시아 제국 대부분과 비잔틴 제국의 드넓은 영토를 정복하면서 명실상부한 다크호스로서 혜성과 같이 등장하여 역사의 무대를 휘저었다. 초대교회의 시대를 지내면서 항상 양 대국의 틈바구니에서 고군분투해 왔던 조지아의 입장에서는 절체절명의 위기가 아닐 수 없었다. 아랍인들은 소아시아(지금의 튀르키예)의 타우루스산맥을 저지선으로 삼아 극렬하게 방어했던 비잔틴 제국을 넘지 못하는 대신 코카서스 지역에 대한 정치적 영향력을 확대하였다.

이슬람을 신봉하는 아랍족들의 코카서스 정복은 한 여성 조명자의 헌신으로 기독교를 국교로 선포했던 조지아 교회에게 크나큰 시련이 아닐 수 없었다. 조지아 교회의 역사는 이 당시 아랍족들의 강압이나 거짓 술수에 넘어갔던 일단의 조지아 기독교인들이 기독교 신앙을 버리고 이슬람으로 개종하는 경우가 적지 않았다고 기록하였다.

조지아 교회 역사는 또한 기독교 신앙에 대한 확신이 없거나 성숙하지 못했던 사람들 중에서도 일신의 영달을 위해 배교자가 되기도 했다고 기술하였다.

정복자 아랍인을 개종시켜 순교자의 반열에 오르게 한 조지아 교회의 저력

반면, 아랍의 통치하에서 살았던 요안 사바니스제(Ioane Sabanisdze)는 《아보의 순교》라는 책을 통해 절친인 아보(Abo)의 순교에 대한 기록뿐만이 아니라 조국인 조지아의 교회적 문화적 정체성이 이런 환란과 역경을 통해 더욱 확고해졌다고 증언하였다. 이 저자의 절친인 아보는 원래 이슬람 신앙을 가졌던 아랍인이었으나 조지아 교회와 기독교인들의 신실하고 거룩한 삶과 신앙에 매료되어 기독교로 개종하였고 조지아의 물로 세례를 받았다. 아보가 기독교인이 되고 나서 그의 신앙 때문에 구금되기도 했으나 곧바로 풀려났다.

아랍인으로서 기독교인이 된 아보의 영향력에 대하여 위협을 느꼈던 통치자가 그를 다시 구금했고 아보가 공개적인 설득에도 기독교 신앙을 포기하지 않자 사형을 집행하였다. 이리하여 아보는 이슬람에서 기독교로 개종한 아랍인으로서 그에게 영원한 생명을 안내해 준 조지아 기독교인들이 보는 앞에서 영광스러운 순교의 제물이 되어 조지아 교회 역사의 한 페이지를 장식한 역사적 인물이 되었다.

순교자 아보의 절친인 요안 사바니스제는 아랍의 통치 하에서도 조지아의 교회와 기독교인들이 건재하다는 사실을 보여 주고자 했던 것 같다. 당시 아랍의 영향으로 많은 조지아 기독교인들이 국교인 기독교 신앙을 버리고 이슬람으로 개종하던 분위기에서 한 아랍인이자 이슬람 신자였던 아보의 개종과 곧 이은 순교의 역사를 기록함으로써 조지아의 기독교적 정체성이 얼마나 확고하고 강력한가라는 사실을 아랍인들에게 보여 주려 했으리라. 요안 사바니스제는 '아보의 순교'를 조지아어로 기록함으로써 조지아의 문화적 정체성도 명확하게 보여 주고자 했다.

그는 다시 한번 이 책을 통하여 포효하듯 외쳤다: '조지아 문화는 더욱 강하여졌고, 끝까지 견뎠고, 결국 사라지거나 잊혀지지 않고 보란 듯이 생존하였다.' 그는 더욱 힘을 주어 선포하듯이 외쳤다: '절대다수의 조지아 기독교인들은 하나님의 독생자이시자 그리스도이신 주님께 경외함으로 변함없이 신앙을 지켰고, 눈물과 탄식으로 수놓아진 역사 앞에서 인내하며 기독교 왕국인 조국에 무한 충성을 다 바쳤다.'

세계 최초의 여성 조명자 국가를 가다 6

수난으로 얼룩진 동서양의 교차로

코카서스 지역은 실크로드의 종착지이자 유럽의 관문으로서 역할을 해 왔다. 이런 지정학적 위치는 수많은 장점과 함께 역사의 질곡을 헤쳐 나 가야 하는 어려움을 안고 있었다. 니노에 의해 세계 최초의 여성 조명자 국가로서의 위상을 제고해 오던 조지아도 실크로드의 패권을 다투던 세 계열강들의 도전들을 피해갈 수 없었다. 필자는 지난 글을 통하여 '눈-물 로 다듬어진 조약돌 하나'라는 표현으로 아랍계 이슬람의 흥기를 통한 수 난을 다루었다. 세계 최초의 여성 조명자 국가답게 조지아는 물리적으로 정복을 당할지언정 수많은 생명들의 피를 산하에 적시면서까지 저항하 였고, 아랍계 이슬람의 통치하에서도 확고한 기독교 신앙을 바탕으로 아 랍계인 아보의 개종과 거룩한 순교를 생생하게 목도하였다.

이슬람 가문의 이삭과 야곱

순교자 아보와 거의 동일한 시기에 이슬람 가문에서 성장한 이삭(Isaac)과 요셉(Joseph) 형제도 개종 후 기독교 신앙을 담대하게 견지하다가 목이 잘리는 참수형을 당하며 순교자의 반열에 올랐다. 특이하게도 이들은 완전히 이슬람 가문에서 철저하게 이슬람식 전통 교육을 받으며 성장했다. 하지만 이들을 낳고 키운 어머니가 조지아 출신의 기독교인이었기 때문에 그들의 모친은 비밀리에 두 형제들에게 투철한 기독교 신앙을 갖도록 선한 영향력을 행사하였다. 즉 외형적으로는 무슬림처럼 성장했지만 그들의 내면은 기독교 신앙으로 채워지고 있었던 것이다. 이와 유사한 경우들이 교회사의 흐름 속에서 있어 왔다. 일례로 게르만 계열의 고트족들에게 포로로 잡혀 갔던 비잔틴 제국의 기독교인 여성들을 통해 복음이 전파되어 야만족인 고트족들이 게르만 계열을 통틀어 최초로 알파벳을 가지게 되었고 고트어로 된 성경을 소유하였다. 또 다른 예로 북유럽의 바이킹들이 전리품으로 챙겼던 기독교인 여성들과 기독교 유물들로 인하여 그들이 복음화되는 역사를 경험하였다. 여성 조명자 니노를 위시하여 이름도 없이 빛도 없이 기독교 신앙을 전파했던 여성들이 셀 수 없이 많았다는 사실을 기억해야 한다. 그들은 포로가 되어 강제로 야만족들과 살아야 했던 열악한 환경 속에서도 자식들을 기독교 신앙으로 양육하면서 신앙의 생명력을 이어갔다. 조지아의 이삭과 요셉을 기독교 신앙으로 양육했던 무명의 어머니처럼 말이다.

눈-물로 다듬어진 두 번째 조약돌: 몽골제국의 확장과 100,000명의 순교자들

아랍계 이슬람의 흥기와 확장을 강인한 신앙으로 극복한 이후, 조지아는 역사상 최고의 황금기를 구가하였다. 세계 최초의 기독교 국가인 아르메니아와 더불어 조지아도 정치, 경제, 사회, 문화, 종교 등 각 분야에서 괄목할 만한 발전을 이룩하였다. 이 당시 아르메니아의 애니(Ani)는 코카서스의 예루살렘이라고 불릴 수 있을 정도로 번창하였고 1,001개의 교회들로 장관을 연출하였다. 조지아도 최고의 전성기를 구가하며 기독교 신앙에 바탕을 둔 종교적, 문화적 성과들을 창출하였다. 첫 밀레니엄을 전후로 조지아가 누렸던 평화와 안정은 몽골 제국의 확장으로 큰 도전에 직면하였다.

몽골 제국의 흥기와 확장에 대하여 조지아의 왕실은 몽골의 실체조차 파악하지 못하였다. 당시의 기록을 볼 것 같으면, 조지아는 몽골에 대한 정보가 전혀 없었고 비잔틴 제국에 보낸 서신에는 몽골이 이슬람 세력들을 정복하였기 때문에 그들이 기독교인들일 것이라고 언급하였을 정도다. 당시 조지아만 몽골의 실체에 대하여 알지 못했던 것이 아니었다. 조지아를 비롯한 거의 대다수의 나라들이 몽골의 갑작스런 등장에 당황하면서 그들의 철저한 파괴행위로 인하여 엄청난 공포에 휩싸였다.

징기즈 칸으로 불렸던 테무진이 중국 북방을 통일시키고 빠른 속도로 확장했던 원인들은 무엇이었을까? 가장 권위 있는 원인 중에 하나가 '모른

다'이다. 아랍계 이슬람의 확장 원인들 중에서도 이와 동일한 원인이 있다고 이전 글에서 언급했었다. 일반적으로 몽골 초원에서 인구의 급격한 증가를 한 원인으로 꼽기도 한다. 그래서 당시의 기록들이나 후대의 자료들에서도 몽골의 등장을 신비롭게 묘사하는 경우를 심심치 않게 보게 된다. 이런 신비스러운 몽골의 등장은 여러 가지 다양한 해석을 낳았다. 당시 이슬람 역사가들은 몽골의 확장과 이슬람권에 대한 정복을 알라신의 진노와 심판으로 묘사하였다. 몽골의 갑작스럽고 신비로운 등장과 정복으로 이슬람권은 태동 이후 사상 최초로 술탄, 즉 최고의 무슬림 통치자가 없는 공백기를 맞이하기도 했다. 당시 비잔틴 제국과 조지아 등 기독교권은 오랫동안 적대관계를 유지해 오던 이슬람 세력들을 순식간에 몰락시킨 몽골에 대하여 우호적인 입장을 보이기도 했다.

몽골의 확장으로 야기된 100,000명의 순교자들

조지아 교회 역사상 처참하지만 영광스러운 순간 중 하나가 되었던 십만 순교자 사건은 몽골이 직접적으로 자행했던 살육은 아니었지만 몽골의 확장으로 말미암아 크게 위축됐던 호라즘 제국에 의해 벌어진 일이었다. 몽골의 확장으로 호라즘 제국의 무하마드 2세가 패전을 거듭한 끝에 도주 중 사망하였고, 그의 뒤를 이어 술탄이 된 잘랄 알 딘이 한시적으로 몽골을 격퇴하고 무너져 가던 제국을 재건하려고 노심초사하였다. 하지만 술탄 잘랄 알 딘이 연이은 몽골의 도전으로 위기에 직면하였고 그 불똥이 조지아로 번졌다.

몽골의 확장으로 입지가 좁아진 술탄 잘랄 알 딘은 조지아의 수도인 트빌리시를 공격하였다. 용맹하기로 유명한 조지아를 공략하기가 쉽지 않았지만, 이때 트빌리시 내에 거주하던 일단의 무슬림들이 배반하여 성문을 개방하면서 잘란 알 딘의 군인들에 의해 각종 약탈과 만행들이 벌어졌다. 그들은 조지아 기독교의 상징이었던 시오니 카세드럴(Sioni Cathedral)을 파괴하면서 교회당 돔을 떼어내서 술탄의 권좌를 만드는 데 사용하였다. 그들은 교회당 내에 있던 예수 그리스도의 아이콘들을 떼어내서 므츠바리강 위에 놓인 다리로 옮긴 다음 조지아인들에게 기독교 신앙을 포기하고 이슬람으로 개종한다는 의미로 밟고 지나가도록 했다. 시오니 카세드럴의 돌로 술탄의 권좌를 만든 일이나 기독교적인 아이콘들을 밟도록 한 일들은 모두 조지아 기독교와 그 정체성에 대한 최대의 모욕과 치욕이 아닐 수 없었다. 술탄의 군사들은 조지아인들이 기독교의 상징들을 모욕하고 이슬람으로 개종하면 살려 주었고, 거부하면 목을 베어 강물에 던졌다. 결과적으로 약 100,000명 정도의 조지아 기독교인들이 참수를 당함으로 다리 주변과 그 밑으로 흐르는 강물을 피로 물들였다. 세계 최초의 여성자 조명자 국가인 조지아는 자신들의 생명과도 같은 기독교 정체성을 포기하지 않고 죽음으로서 복음의 능력을 증거하였던 것이다.

메테히 교회 주변은 순교자 아보의 기념 채플과 더불어 순교자들의 다리까지 조지아 기독교의 영광과 수난을 압축하여 담고 있다. 메테히 교회 앞에 세워진 말을 탄 바흐탕 왕의 호기어린 기상이 보여 주듯이, 면면히 흐르는 므츠바리강처럼, 조지아 교회사의 흐름 속에서 조지아 기독교인들은 멈추지 않고 당당하게 전진하는 생명력을 보여 주었던 것이다.

세계 최초의 여성 조명자 국가를 가다 7

위기 속에서 더욱 빛난 기독교 정신

먼저 글들에서 언급했듯이, 세계 최초의 여성 조명자 국가인 조지아는 기독교 신앙에 기반을 둔 민족적 정체성으로 잘 다듬어져서 오랜 세월 동안 시련을 이겨 낸 조약돌처럼 더욱 빛나는 모습을 견지하였다. 조지아 사람들은 아랍계 이슬람의 흥기와 확장을 소용돌이 속에서도, 이슬람에서 기독교로 개종한 후 순교한, 아보와 같은 인물을 배출하는 저력을 보여 주었다. 또한 이슬람 가문에서 전통적인 교육을 받으며 성장한 이삭과 요셉 형제도 조지아 출신의 기독교도인 모친의 영향으로 자신들이 신실한 기독교인이라고 공개한 후 영광스러운 순교자의 반열에 올랐다. 아랍계 이슬람이나, 몽골의 압박으로 밀리고 밀려서 조지아를 화풀이 대상으로 삼아 100,000여 명의 순교자를 남긴 이슬람계 호라즘 제국 모두 '순교자의 피가 교회의 씨앗'이라는 사실을 전혀 알지 못했다. 실크로드에 산재한 수많은 나라들과 종족들이 순식간에 역사의 뒤안길로 사라져 갔다는 사실을 생각해 볼 때, 조지아의 저력은 더욱 빛나고 주목을 받을 수밖에 없다. 이슬람 제국들은 조지아 기독교인들을 처참하게 도륙하면 그들이 공포감에 휩싸여 더는 저항을 못할 것이라고 생각하였을 것이다. 더욱이 그런 강압적인 분위기 속에서 이슬람으로 개종하는 듯 보였던 조지아인들 조차도 비밀리에 기독교 신앙을 간직하고 있었다는 사실도 간과하였을 가능성이 다분하다. 조지아인들은 예수 그리스도의 십자가 사건을 직접 목격한 증인들, 사도들, 사도들과 동급으로 생각하는 세계 최초의 여성 조명자, 그리고 민족 교회를 위해 헌신하며 희생했던 수많은 사람들의 정신을 이어받은 신앙의 후손이라는 확고한 정체성을 자신들의 목숨과 같이 여겼다.

눈-물로 다듬어진 세 번째 조약돌: 이슬람계 사파비드 제국(이란)의 박해와 추방

신앙으로 수놓아진 민족 정체성을 수호하기 위해 솔선수범한 지도자들
17세기 초에 이란 즉 페르시아 계열의 사파비드 제국(Safavid Empire) 하에서 조지아를 포함한 코카서스 지역이 큰 시련의 시간을 보내야만 했다. 조지아인들은 기독교 신앙을 지키고 민족적 자주성을 확립하기 위해 격렬하게 저항하였다. 1616년에 데이빗 가레자(David Gareja)의 사막 지형에서 6,000명의 조지아 저항군들이 기독교 국가의 정체성을 지키고자 고군분투하다가 장렬하게 전사하였다. 조지아 교회 역사는 이들 모두가 순교하였다고 기록할 정도로 조지아인들의 저항이 신앙과 직결되어 있음을 분명히 하였다. 이 저항의 과정에서 적지 않은 귀족 등 지도자들이 죽기를 각오하고 앞장섰다. 당시 조지아의 왕이었던 루아르삽 2세

(Luarsab II) 또한 1622년에 목이 잘려 죽는 순간까지 민족의 신앙 정체성을 포기하지 않았다. 당시 섭정왕후였던 케데반(Ketevan) 여왕이 사파비드 제국 압바스 황제의 무자비한 살육으로부터 조지아인들을 보호하고자 자진하여 인질이 되었다. 케데반 여왕이 인질이 되었는데도 불구하고, 조지아인들의 저항이 계속되자 압바스 황제는 보복의 차원에서 불에 달군 인두로 그녀를 처참하게 고문하여 죽음에 이르도록 만들었다. 이때가 1624년이었다. 동년에 압바스 황제는 조지아 기독교의 수장인 에브데모즈(Evdemoz) 총대주교도 참수하였다. 이는 압바스 황제조차도 타협을 모르는 조지아의 정신이 기독교 신앙에 근거하고 있다는 사실을 정확하게 알고 있었다는 반증이기도 하다.

9명의 커클리드제(Kherkheulidze) 형제들

1625년 여름에 조지아인들은 테이므라즈 1세(Teimuraz I) 왕의 진두지휘하에 사파비드 제국과 일전을 치렀다. 조지아 교회 역사는 이것을 마랍다(Marabda) 전투라고 명명하였다. 압바스 황제의 처사, 즉 케테반 여왕을 인두로 지져서 죽였고 조지아 교회의 정신적 지주인 총대주교를 참수한 일 등에 대하여 조지아인들은 지위고하를 막론하고 강하게 분노하였다. 그 중에서도 커클리드제 가문은 아홉 명의 형제들을 위시하여 그들의 어머니와 누이도 전장에 함께하였다. 20,000명으로 구성된 조지아 군대는 기독교적 민족 정체성을 위해서 영웅적으로 싸웠다. 압바스 황제의 군대조차 처음에는 조지아 군대의 분기충천한 모습에 당황했을 정도였다. 조지아의 테이므라즈 1세는 9명의 커클리드제 형제들에게 깃발을 들고 선봉에 서도록 했다. 조지아 교회의 역사는 이때의 전투가 굉장히 격렬하였고 새벽에 시작된 전투가 밤늦게까지 지속되었다고 기록하였다.

조지아인들이 사력을 다해서 싸웠지만, 압바스 황제의 군대는 숫자도 많았고 체계적인 정규군이었기 때문에 급조된 조지아 진영이 당해낼 수가 없었다. 하지만 조지아인들은 최후의 일인까지 저항함으로써 신앙과 민족적 정체성을 절대 포기할 수 없다는 강력한 메시지를 압바스 황제에게 각인시켰다. 비록 전쟁에서는 패했고 9,000명의 전사자를 냈지만, 조지아인들은 왕과 귀족들을 포함하여 모든 백성들이 혼연일체가 되어 자신들의 가치를 지키고자 최선을 다했다. 이 전쟁 이후 테이므라즈 1세 왕을 중심으로 조지아인들은 대규모 정규전보다는 게릴라식으로 전술을 바꾸어 지속적으로 저항을 이어갔다. 결과적으로 압바스 황제도 테이므라즈 1세 왕의 통치를 인정할 수밖에 없었다. 이렇게 신앙과 민족의 자주권이 확립되고 지속되는 데 있어 9명의 커클리드제 형제들의 용맹함이 큰 역할을 했다고 조지아 교회 역사는 적고 있다. 현재 커클리드제 가문의 순교자들은 마랍다에 세워진 기념 교회 묘지에 안장되어 이곳을 찾는 순례자들에게 그들의 숭고한 희생정신을 되새기게 하고 있다.

노예로 팔려 간 조지아인들이 이란의 기독교 역사가 되다

마랍다 전투에서 승리한 압바스 황제는 조지아인들이 더 이상 저항하지 못하도록 수십만 명의 사람들을 추방하여 이란(페르시아) 사파비드 제국의 노예로 만들었다. 본토에서 추방되어 하루아침에 노예로 전락해 버린 조지아인들은 타지에서 비인간적인 대우를 받으며 말할 수 없는 고초를 겪어야 했다. 당시 이란 사파비드 제국을 여행했던 이탈리아 출신의 지오반니 프란체스코 게멜리 카레리(Giovanni Francesco Gemelli Careri)는 이란에 살던 조지아 사람들의 모습을 비교적 소상하게 기록으로 남겼다. 케레리는 조지아 사람들이 이란 사회에서 노예로 살아가고 있었기 때문에 그들이 이슬람으로 개종한 듯 행세하였지만, 조지아인들은 자신들이 기독교인이라는 정체성을 결코 잊지 않았다고 기억하였다. 이탈리안 여행자는 조지아인들이 이슬람과 기독교 관련 신앙고백들을 별도로 가지고 있었고, 그들이 상황에 따라 이슬람 신앙고백들을 읊조리기도 했지만 궁극적으로는 기독교적인 신앙고백을 하며 신앙생활을 이어가고 있었다고 언급하였다. 압바스 황제는 조지아인들을 노예로 만들어 기독교 신앙에 근거한 민족적 정체성을 말살시키려고 했지만, 카레리의 증언대로, 이란의 핵심부로 팔려간 조지아인들이 그 땅의 교회 역사를 이어가는 놀라운 일이 벌어지고 있었던 것이다.

사실 이란의 기독교 역사도 뿌리가 깊다. 사도행전에 등장하는 이란인들이 오순절 성령 강림 사건을 경험하였고 사도들과 복음전도자들의 수고로 회심한 수많은 기독교인들이 신앙의 생명력을 그 땅에서 이어갔다. 이란의 기독교인들은 아랍계 이슬람의 도전 앞에서도, 몽골의 침략의 와중에서도, 강력한 이슬람 제국의 서슬퍼런 칼날 앞에서도 굴하지 않고 강력한 신앙의 생명력을 계승 발전시켰다. 더군다나 사파비드 제국의 반기독교 기조 속에서도 오랜 전통을 간직한 본토의 교회와 더불어 압바스 황제가 노예로 데려온 수십만 명의 조지아 기독교인들이 면면히 흐르는 이

란의 기독교 역사를 더욱 빛나게 하였다. 그렇기 때문에 분명 하나님의
생각은 인간의 생각과 차원이 다른 것이다.

세계 최초의 여성 조명자 국가를 가다 8

고상하고 품위 있는 맛과 정취

하나님께서 조지아에게 주신 선물은 물과 연관된다고 여러 번 언급했었다. 천혜의 자연환경에 둘러싸여 무공해의 눈이 녹아내린 물, 즉 눈·물의 영향 때문인지는 모르겠으나 지하에서는 세계 최고의 물이 나오고 지상에서는 포도를 통한 신이 내린 물이 차고 넘친다. 역사적으로 지금까지 그런 물들을 맛본 사람들의 공통적인 표현은 고상하고 품위가 있다는 것이다. 지금까지 일곱 번에 걸쳐 쓴 글들을 통해서 밝혔듯이, 조지아는 눈·물로 다듬어진 조약돌처럼 수많은 고난과 역경을 감내해 온 역사를 가지고 있는데, 그런 거칠고 험난한 상황 속에서 어떻게 고상하고 품위 있는 맛과 정취를 계승해 왔는지 의아할 따름이다. 하지만 그 답은 의외로 쉽고 간단하다. 노아와 그 가족을 태운 방주가 아라랏산에 도착하고 코카서스를 중심으로 신인류의 역사가 펼쳐졌던 성경의 땅, 사도들과 여성 조명자를 통해 뿌리 깊게 형성된 기독교 신앙의 땅, 즉 거룩한 성지에서 다듬어지고 발효되고 정제되어 나온 맛이기 때문이다.

죽음으로 증거하는 기독교 신앙

코카서스의 지정학적 특성상 수많은 나라들과 제국들이 조지아를 침략하였고 온갖 만행들이 저질러졌다. 이 과정에서 셀 수 없이 많은 생명들이 스러져 갔다. 특히 기독교 세계와 항상 라이벌 의식을 가지고 있었던 이슬람 세력들은 오랜 기독교 전통을 목숨과 같이 여겼던 조지아인들을 주검으로 내몰았다. 17세기 아프칸인들이 조지아의 지오르기 11세 왕을 암살했던 이유도 그가 철저하게 기독교 신앙을 견지하였기 때문이다. 당시 조지아의 왕들은 가슴 한복판에 십자가 문양을 새긴 의복을 입고 있었다. 기독교 신앙을 자신들의 심장과 같이 여겼기 때문이리라. 아프칸인들은 조지아 왕을 암살하고 그가 가슴에 착용했던 십자가 문양을 이란(페르시아)의 황제에게 보내서 이슬람에 굴복하지 않은 저주스러운 증거물로 제공키도 하였다. 그만큼 이슬람 진영에서는 기독교 국가인 조지아의 끈질긴 저항과 그들의 굴하지 않는 신앙에 대하여 고개를 저을 수밖에 없었다. 그들이 왕을 암살해도, 귀족들을 협박해도, 일반 민초들에게 공포심을 조장해도 조지아인들이 눈 하나 깜빡하지 않으니 내심 두려움마저 느꼈을 법하다.

조지아의 저력: 언어, 교육, 그리고 출판

조지아 언어
실크로드에서 명멸해 갔던 수많은 나라와 민족들 가운데 자신들의 언어를 가지고 있던 국가가 많지 않은 가운데 조지아는 4세기 이후 줄곧 조지아만의 독특한 문자를 유지하여 왔다. 7세기 아랍계 이슬람의 확장으로 큰 혼란에 빠지기 이전까지만 해도 조지아어로 된 성경을 비롯하여 각종 기독교 관련 자료들이 발간되어 기독교 신앙을 함양시키고 훌륭한 전통을 잇는 매개체 역할을 톡톡히 했다. 아랍계 이슬람 등 중동 지역과 실크로드를 장악했던 이슬람 세력들이 조지아의 기독교 신앙과 언어를 말살하려고 조직적이고 강압적으로 시도를 했었지만 조지아인들은 자신들의 언어로 신앙을 노래하고 고백하는 삶을 양보할 수 없었다. 조지아의 언어는 전체 조지아를 통합되게 하는 중요한 도구가 되었고 조지아 교회 역사의 중간중간에 꽃을 피웠던 문화의 황금기를 통해 더욱 풍성해지고 강한 민족 교회로서의 정체성을 제고하는 데 절대적인 역할을 하였다. 17세기 이란의 사파비드 제국의 박해를 견뎌낸 조지아 국가와 교회는 1801년 러시아 제국에 의해 강제로 병합되기 전까지 교회와 국가의 자주권을 가지고 조지아 전역에 걸쳐 기독교적인 체계와 문화를 재정비하였다.

조지아의 기독교 교육

세계 최초의 여성 조명자인 니노의 헌신과 희생으로 기독교가 국가가 된 이후로 조지아 교회는 교육을 통해 기독교 국가로서의 사상적 기초를 놓고 민족 종교의 정체성을 확립해 왔다. 이런 기독교 교육의 힘은 코카서스산맥의 혹독한 북풍한설과 같이 휘몰아치는 역사의 고통 앞에서도 뿌리 깊은 나무와 같이 흔들릴지언정, 뿌리가 뽑히지 않는 저력을 과시하였다. 조지아 교회 역사를 통해 볼 때, 모든 교육이 교회를 중심으로 진행되었기 때문에 17세 당시 자주권을 되찾았던 길지 않은 기간 동안 조지아인들은 기존의 교회당들을 정비하였고 새로운 교회들을 건축하여 교육의 장을 마련하였다. 이런 노력의 결과는 18세기 후반에 활동했던 바쿠쉬티 바그라티오니(Vakhushti Bagrationi)의 진술을 통해 확인할 수 있다: '만일 그 어떤 조지아인들에게 당신들의 기원이 무엇이냐고 묻는다면 그들 모두는 우리는 조지아인이고 우리 모두는 또한 기독교인이라고 답할 것이다.' 바그라티오니의 말대로 조지아의 기독교 교육은 민족 종교의 근간이 되어 조지아와 기독교를 불가불리의 관계로 통합시켰다.

출판을 통한 조지아 기독교 문화의 창달

서양의 구텐베르크를 통한 인쇄술의 혁신뿐만 아니라 한국과 중국 등 고대로부터 발전된 인쇄술이 얼마나 큰 변화의 바람을 일으켰는지 역사가 이를 증명하였다. 16세기 독일의 종교개혁자 마틴 루터의 개혁도 출판의 힘이 얼마나 큰 역할을 했는지를 알려 준다. 17세기와 18세기 어간에 조지아뿐만 아니라 해외에서까지 조지아어로 책들을 대량으로 발간하기 위한 인쇄소들이 세워져서 각종 기독교 서적들과 서지학 관련 문서들까지 출간되었다. 이렇게 조지아는 자국의 언어, 그 언어로 교육하는 체계, 그리고 인쇄된 책들을 통해 교육 자체뿐만 아니라 대중들에게까지 조지아의 기독교적 가치와 전통을 공유하고 그 정체성을 확고하게 다졌다.

눈-물로 다듬어진 네 번째 조약돌: 가깝고도 먼 나라 러시아의 도전과 그에 대한 응전

1801년에 러시아 제국의 알렉산더 1세는 코카서스가 전략적으로 요충 지역이라는 사실에 근거하여 조지아 출신의 파벨 츠싯찌아노프(Pavel Tsitsianov)를 코카서스 지역 총사령관으로 임명하여 이란계 이슬람인 사파비드 제국의 잔재들을 청산한다는 미명하에 조지아를 병합하였다. 1811년에는 자칭 '제3의 로마'라고 부르던 러시아 교회가 조지아 사도 교회가 누리던 교회의 주권을 박탈하고 종속시켰다. 한편으로 보면, 조지아 출신의 사령관이 오랫동안 조지아를 억압해 왔던 이란계 이슬람 세력을 축출하고 같은 기독교인 러시아 교회와 합친 것이 최선이었다고 할 수도 있었다. 하지만, 다른 한편으로 볼 때, 러시아 제국의 당근과 채찍이라는 양면정책으로 일시적으로 민족 정체성의 혼동이 야기되었지만, 조지아와 러시아는 분명 언어, 문화, 역사, 전통이 다르고, 더욱이 세계 최초의 여성 조명자 국가로서의 자부심은 러시아의 기독교 전통과는 비교가 안 될 정도로 탁월하였기 때문에, 조지아인들은 이슬람 세력들의 억압 속에서 취했던 태도와 같이 외형적으로 정복될지언정, 기독교 신앙에 근거한 민족적 정체성을 더욱 공고히 하며 굴복하지는 않았다. 어찌 보면 러시아는 기독교라는 기치를 내걸고 이전의 이슬람 세력들조차 하지 않았던 민족 정체성을 말살시키려는 정책을 노골적으로 진행하였다. 러시아 제국은 조지아의 모든 학교들에서 러시아어로 교육하도록 강제하는 폭거를 자행하였다.

1801년 러시아 제국이 조지아를 병합한 이후 104년째 되던 해에 한 조지아의 귀족이 니콜라스 2세에게 서신을 보내어 조지아 교회의 자주권을 청원하였다. 그 귀족은 러시아 제국과 러시아 교회의 강압적인 통치와 제제하에서도 조지아 교회는 한 번도 굴복하지 않고 자체의 역사와 전통을 이어왔다는 점을 강조하면서, 조지아 교회의 수장이 갖는 법적 지위를 회복하고 러시아 교회의 간섭에서 탈피하여 조지아 교회만의 자유로운 예배를 보장해야 한다고 주장하였다. 당시에는 이런 주장이 받아들여지지 않았지만, 1917년의 러시아 혁명 이후 조지아 교회는 교회의 자치권을 회복하는 열매를 맺었다. 하지만 볼셰비키 붉은 군대가 1921년 2월 25일에 조지아를 재차 병합함으로 무신론 공산주의의 도전 앞에서 새로운 국면을 맞이하였다. 러시아 공산주의 정권의 영향으로 조지아는 향후 73년간 교회의 독립성을 갖지 못했다. 1990년 1월 25일에 가서야 조지아 교회는 자주권을 되찾아 오게 되었다. 조지아 교회가 먼저 자주권을 얻고 1년 여가 지난 1991년 4월 9일에 조지아는 정치적인 독립을 쟁취하였다. 참으로 파란만장한 사망의 음침한 골짜기를 통과하는 조지아 민족과 교회의 여정이었던 것이다.

과하지도 않고, 덜하지도 않는 조지아와 조지아 사람들

필자가 코카서스 조지아를 여러 해에 걸쳐서 방문하면서 느낀 생각을 한 마디로 표현하자면 과하지도 않고, 덜하지도 않다는 말이다. 지금까지 눈물로 다듬어진 조약돌이라는 표현으로 총 네 차례의 주요 도전들을 언급하면서 크고 작은 시련 앞에서 예쁘게 다듬어진 조약돌처럼 보기에도 부담 없고 거친 부분이 없는 둥글둥글하고 서글서글한 모습이지 않을까 해서다. 2천년이 넘는 기독교 역사 그 자체인 조지아만의 저력이라고도 할 수 있다. 아니 더 나아가 노아의 시대부터 수천 년에 걸쳐서 이어져 온 성경의 땅과 그 땅의 사람들이라 그럴 것이다.

필자가 세계 최초의 기독교 국가를 가다를 통해 다뤘던 아르메니아와 세계 최초의 여성 조명자 국가인 조지아는 성경의 땅이며 거룩한 성지다. 이제 성지순례의 패턴은 코카서스의 아르메니아와 조지아를 중심으로 빠르게 재편되어 수많은 순례자들이 찾는 은혜의 순례길이 될 것을 믿어 의심치 않는다.

성경과
성지순례 현장

아르메니아 조지아와 노아의 예언 1

왜 조지아 아르메니아와 예언?

필자가 지금까지 쓴 글들을 통하여 아르메니아 조지아를 이해하는 성경적, 역사적 견해들을 비교적 쉽게 소개하여 왔다: '세계 최초의 기독교 국가를 가다', '세계 최초의 여성 조명자 국가를 가다', '코카서스의 예루살렘, 애니', '아르메니아 대학살의 현장을 가다', '아르메니아 조지아 성지순례의 중요성'. 항상 역사가의 관점에서 성경과 교회사를 보아 온 필자의 오랜 학문적 열정인지는 모르겠으나, 조지아 아르메니아를 연구하면 할수록 역사의 주인 되시는 하나님의 원대한 뜻이 보다 선명하게 보여져서 필자도 사뭇 놀라움을 금치 못하고 있는 중이다.

아울러 성경의 주요 예언들에 대한 편향적, 아전인수적, 풍유적 해석들에 대하여 경종을 울려야겠다는 생각도 하게 되었다. 이는 성경 말씀 자체뿐만 아니라, 특히 예언에 대한 해석에서, 특정 민족(유대인)의 견해를 무비판적으로 추종한다거나, 백인 우월주의나 백인 극우파의 견해를 따른다거나, 한국과 세계 교계를 교란시키는 각종 이단들의 주장과 극단적

종말론에 현혹되는 등의 문제에 경각심을 가져야 하기 때문이다. 성경에 나타난 중요한 예언들 가운데서 아르메니아 조지아와 관련된 것들을 우선 네 가지 주제로 나누어 역사적인 관점(Historical Viewpoint)에서 사필 귀정코자 한다: '아르메니아 조지아와 노아의 예언', '아르메니아 조지아와 예레미야의 예언', '아르메니아 조지아와 에스겔의 예언', '아르메니아 조지아와 사도 요한의 예언'.

노아의 예언은 만능?

창세기 9장의 초반과 중반을 볼 것 같으면, 방주가 아라랏산에 도착한 후 노아는 포도농사를 짓고 포도주를 마시고 실수를 하고 말았다. (9:19-21) 막내아들인 함(Ham)과 손자인 가나안이 자신의 부끄러움을 감싸 주지 못하고 오히려 놀림의 대상으로 만든 일에 대하여 크게 진노하였다. 함이 노아의 막내아들이었기 때문에 철없는 행동으로 생각하고 너그럽게 웃어넘길 수도 있었으나, 노아가 이처럼 진노한 것을 볼 때, 그 수치를 드러내는 정도가 상당히 지나쳤던 것으로 보인다. (9:22) 노아는 막내인 함이 첫 번째 형인 야벳(Japheth)과 두 번째 형인 셈(Shem or Sem)의 노예가 될 것이라고 저주의 예언을 하였다. (9:25)

이런 노아의 예언은 아브라함, 이삭, 야곱으로 이어지는 족장 시대를 거치면서 셈족의 우월성, 더 나아가 히브리(Hebrews), 이스라엘(Israelites), 유대인(Jews)이라는 특정 민족의 선민의식 가운데서 왜곡되기 시작하였다. 왜냐하면 노아의 예언도 하나님이 주관하시는 역사 속에서 매우 복잡하게 상호작용을 했을 뿐만 아니라, 신구약 성경의 통일되고 일관된 핵심이 하나님의 사랑이기 때문이다. 하나님은 성경의 어떤 한 구절로 특정 인종이나 민족에게 '운명'(?)이나 '팔자(?)' 같은 족쇄를 채우실 분이 결단코 아니기 때문이다.

형만 한 아우 없다?

노아가 둘째 아들인 셈에게 두 가지 예언, 즉 '셈의 하나님 여호와를 찬송' '가나안은 셈의 종이 되고' 등을 하였다. 하나님의 특별한 섭리적 차원에서 셈족을 통한 언약과 구속의 역사가 진행된 것 또한 굉장히 중요하고 필수적인 이해이다. 신약과 구약 성경이 거의 대부분 셈족 계열에 의해 주도된 점도 기억해야 한다. 역사적으로, 셈족에게서 유대교, 기독교, 이슬람교와 같은 종교가 나왔으니 '셈의 하나님 여호와를 찬송'할 충분한 이유가 되기도 한다. 물론 유대교와 이슬람의 신론(God)이 기독교와 완전히 다르기 때문에 표면적으로 보여지는 모습이나 내용에서 이질감을 느낄 수밖에 없는 것이 당연하지만 말이다. 신론에서 삼위일체 하나님을 고백하느냐 안 하느냐의 차이는 비교할 수 없을 정도로 크다.

이런 사실을 충분히 공감하고 인정함과 더불어, 필자는 노아가 장남인 야벳에게 한 예언들에 주목하고 싶다: 1. '하나님이 야벳을 창대케 하사', 2. '셈의 장막에 거하게 하시고', 3. '가나안은 그의 종이 되게'. (9:27) 노아가 확실히 장남에게 더 구체적이고 현실적인 예언을 한 건 부인하지 못한다. 필자가 사실적이고 역사적으로 야벳에게 더 집중하는 이유가 바로 아르메니아 조지아와의 직접적인 연관성 때문이다. 아르메니아 조지아의 역사를 통해 노아의 예언이 과대포장되었거나 한쪽으로 치우쳐 왔다거나 편향되고 왜곡된 점에 대하여 재정립할 수 있을 것이니 말이다.

'하나님이 야벳을 창대케 하사'

노아의 예언은 창세기 10장을 통해 구체화되었다. 노아의 장남답게 야벳의 대표적인 자녀들을 가장 먼저 언급하였다. 아르메니아 조지아와 관련하여, 특히 눈여겨보아야 할 이름들이 야벳의 장남인 고멜과 고멜(Gomer)의 장남인 아스그나스(Ashkenaz), 그리고 고멜의 막내인 도갈마(Togarmah)이다. 고멜의 차남인 리밧에 대하여는 많이 알려지지 않은 편이다. 아르메니아 조지아 역사는 자신들이 노아의 증손인 아스그나스와 도갈마의 후손이라고 기록하였다. 노아의 증손이자 야벳의 장손이며 고멜의 장자인 아스그나스는 역사적으로 매우 중요하기 때문에 별도로 다룰 것이다.

우선 도갈마는 '아르메니아 역사'와 '조지아 연대기'에서 공통적으로 언급하고 있는 인물이다. 도갈마의 아들은 모두 8명으로 언급되는데, 그중에서 하익(Hayk)은 아르메니아, 카르틀로스(Kartlos)와 코카스(Caucas)는 조지아의 조상이라는 것이다. 노아의 증손인 도갈마가 메소포타미아 지역에 살다가 아르메니아 하이랜드와 코카서스 지역으로 이주했다고 역사는 기록한다. 아르메니아와 조지아만 하더라도 역사의 한 획을 긋는 대제국을 이룰 정도로 창대하여 노아의 예언적 축복을 누리기도 했다. 아울러 자의든 타의든 아르메니아 조지아인들이 세계 도처로 흩어져 디아스포라 공동체를 구성하면서 그들의 지경은 더욱 확대되었다. 조지아 아르메니아가 기독교 국가가 된 이후에 포로로 잡혀갔던 양국의 사람들이 이슬람 제국들의 심장부에서 기독교 역사를 이어 갔으니 그들의 경계를 정하기조차 쉽지 않다. 노아의 예언은 좁은 의미의 축복만이 아니라 넓은 의미, 즉 고난과 역경까지도 포함하는 축복이었던 것이다. 고난과 역경이야말로 축복을 정금 같이 빛나게 해 주기 때문이리라. 그러므로 노아의 예언적 축복을 가시적이며 물질 중심적이며 세속적인 견지에서 이해하는 것이 얼마나 저급한 일이며 역사를 주관하시는 하나님에 대한 신성모독임을 잊지 말아야 함이다.

'셈의 장막에 거하게 하시고'

이 예언은 신앙적인 예언이라고 널리 이해되어 왔다. 노아가 살아 있을 동안이나 그와 가까운 세대의 자녀손들은 노아를 인도하셨던 하나님을 섬기며 살아왔을 가능성은 충분하다. 하지만 시간이 흐를수록 그런 신앙의 모습이 희미해져 갔다. 믿음의 조상 아브라함으로 이어지는 셈족의 계대를 제외하고는 다양한 신들을 섬기게 되었다. 아르메니아와 조지아만 하더라도 약 80종류의 다양한 신들을 섬겨 왔다. 종교적으로 굴곡이 많았던 역사의 진행 속에서, 노아의 장자계승 라인에 있었으며, 아르메니아 조지아와 불가분리의 관계였던, 아스그나스(Ashkenaz)는 야벳의 장손이자 고멜의 장남으로서 향후 아르메니아와 조지아 역사에서 '야벳이 셈의 장막에 거하게' 되는 예언이 성취되는 증거가 되었다.

아르메니아 조지아와 노아의 예언 2

'셈의 장막에 거하게 하시고'(창9:20)

아르메니아 조지아와 노아의 예언 1에서 언급했던 대로, 노아의 장자 계열에 주목해 보면, 노아의 장남인 야벳, 야벳의 장남인 고멜, 고멜의 장남인 아스그나스(Ashkenaz)가 장자의 복을 특별히 받게 될 것을 암시하고 있다. 아르메니아 조지아 역사에서 고멜의 후손들은 시메리안 (Cimmerians)이라고 불렸고 역사 속에서 다양한 족적들을 남겼다. 성경에도 고멜이라는 동일한 이름들이 등장함으로 자손 대대로 잊히지는 않았으니 이 또한 축복이라고 생각한다. 야벳의 장남인 고멜의 이름은 역사 속에서도 자주 등장하여 지워지지 않는 흔적을 남겼다. 고멜의 이름에서 파생된 시메리안들은 지금의 튀르키예와 코카서스 전 지역에 걸쳐서 맹위를 떨쳤으며, 코카서스산맥을 넘어 지금의 러시아까지 그 영향력을 확대하였다. 심지어 고멜의 후손 즉 시메리안들은 현재의 독일, 프랑스, 영국 등 유럽의 여러 곳에서도 그들의 자취들을 찾아볼 수 있을 정도다. 그러니 야벳을 향한 노아의 예언적 축복이 얼마나 차고 넘쳤는지 감탄사가 절로 나올 지경이다. 성경과 역사에서 장자가 아닌 여타의 아들들이 장자의 권리를 탐낼 만하지 않았겠는가!

노아의 장손이자 야벳의 장남인 고멜이 시메리안이라는 이름과 큰 영향력을 성경과 역사에 남긴 것은 장자 계열의 특권이자 축복이었음에 틀림이 없다. 야벳의 지경이 넓혀지는 노아의 예언적 축복이 놀랍게도 아르메니아 조지아로부터 기인하고, 발전하고, 확대되었다는 점을 유념하자. 더 나아가 노아의 증손이자 고멜의 장남인 아스그나스(Ashkenaz)가 미친 영향력은 가문의 그 어떤 이가 이룩했던 위대한 업적들을 모두 덮고도 남을 정도로 비교 자체가 불가능하였다. 다음 번 글인 '아르메니아 조지아와 예레미야의 예언'을 통해 자세하게 소개할 것이지만, 성경과 역사에 등장하는 아스그나스의 발자취들은 상상을 초월하며, 아직도 명확하게 규명되지 못하고 신비에 감춰진 내용이 많을 정도로 무궁무진한 파급력을 가지고 있다.

아르메니아 조지아의 조상으로 알려진 아스그나스(Ashkenaz)는, 초기 단계에서 볼 것 같으면, 지금의 튀르키예 전체와 코카서스 일대를 주름잡으며 야벳 계열의 대표자처럼 인식되었다. 아스그나스 사람들은 노아의 막내아들인 함(Ham), 함의 막내인 가나안(Cannan), 가나안의 둘째 아들인 헷(The Hittites)족속이 세워서 큰 나라를 이룬 히타이트 제국과도 어깨를 나란히 하였다. (창10:15) 그들은 히타이트 제국 이후에 등장한 앗시리아 제국과 신바벨로니아 제국 등과도 일진일퇴를 거듭하며 경쟁하였다. 물론 이들 제국들이 워낙 강대하고 파죽지세로 확장해 가는 과정에서 아스그나스 사람들이 일시적으로 위축되고 그들의 영토가 좁아지기는 했으나, 그 어떤 상황 가운데서도 상당히 위협적인 존재로 각인되어 왔던 것 또한 사실이다. 그러다가 예수님이 이 땅에 오시기 직전에(B.C) 고대 근동을 호령하던 강대국들의 틈새를 헤집고 들어가서 대제국을 건설키도 하였다. 주님이 오신 후에는(A.D) 로마 제국의 확장과 신생 페르시아 제국의 대립 속에서 지금의 코카서스 지역과 아르메니아 하이랜드, 즉 동부 아나톨리아 지역으로 경계가 정해졌다. 중세시대 중반부인 주후 1,000년을 전후하여 조지아 아르메니아의 바그라티드 왕조가 상당 기간 동안 실크로드를 호령하며 부와 명예를 만천하에 드러내기도 하였다.

아스그나스 사람들의 용맹함과 위협적인 명성이 사라지지는 않았으나, 그들의 지정학적 영토가 이전보다 위축되었던 관계로 아스그나스라는 이름이 잊히는 듯하였다. 왜냐하면 이 당시 아스그나스라는 이름보다 아르메니아나 조지아라는 이름으로 세상에 더 알려져 가고 있었기 때문이다. 이렇게 열국들의 뇌리에서 자취를 감춘 듯 보였던 아스그나스(Ashkenaz)가 유럽 전체를 대표하는 명칭으로 알려지게 되었다. 창세기 10장 2절부터 5절까지 야벳의 자손들을 언급했던 대로 이들이 유럽의 각 지역들에 흔적을 남겼던 기록들이 적지 않게 드러나고 있었는데, 유럽의 주요 지역들을 망라한 유럽 자체를 가리키는 명칭으로 '아스그나스'가 등장한 것이었다.

아르메니아와 조지아의 대명사처럼 불렸던 아스그나스(Ashkenaz)가 어떻게 유럽 전체를 일컫는 명칭이 될 수 있었을까?

첫 번째로, 아스그나스 사람들이 노아가 야벳에게 베풀었던 예언적 축복을 이루어 가는 자연스러운 와중에서 점차적으로 동유럽과 러시아를 거쳐서 유럽의 곳곳으로 지경을 넓혀 갔을 것이다. 당대의 역사가들조차도 아스그나스의 확장에 대하여 거의 알 수 없을 정도로 조용하게 진행되었던 것 같다. 중세기 십자군 전쟁이 일어나고 유럽에서 성지를 탈환하려고 몰려드는 십자군들을 가르켜 '아스그나스'(Ashkenaz)라고 부른 기록도 존재하는 것으로 보아 희미하게나마 아스그나스의 존재를 인식하고 있었다는 말도 된다.

두 번째로, 유대교의 역사와 관련하여, 중세시대의 중반 이후로 아스그나스 유대인(Ashkenazi Jews)들이 유럽 전체를 대표하는 유대교 추종자들로 알려졌다는 데서 실마리를 찾을 수 있다. 예나 지금이나 유대인 하면 아스그나스 유대인일 정도로 이들이 전체 유대교의 80% 이상을 차지하고 있다. 아스그나스 유대인 그룹과 쌍벽을 이루고 있는 세파라드 유대인(Sepharadic Jews)이 전체의 20% 전후를 차지하는데, 세파라드는 스페인을 가리키는 말로 거기서 유래한 유대인들을 지칭하는 것이다. 성경에도 스페인이 세라파드로 불렸다는 사실이 기록되어 있다. (옵1:20) 여기서 한 가지 흥미로운 점은 스페인에서 조차도 세라파드 내지는 아스그나스(Ashkenaz)로 나라 이름을 지칭했다는 사실이다. 참고적으로, 1939년경 유럽에는 약 1,200만 명 정도의 아스그나스 유대인(Ashkenazi Jews)들이 있었다고 한다. 지금도 전 세계적으로 이 정도의 아스그나스 유대인들이 존재한다. 이 말은 그때나 지금이나 유대인 하면 아스그나스라는 말이다.

세 번째로, 아스그나스라는 명칭을 유대인들이 대명사처럼 쓰는 것을 볼 때, 이스라엘의 북왕조를 구성했던 10개 지파가 역사에서 사라졌다는 점을 생각하면, 그들 상당수가 아르메니아와 조지아, 즉 아스그나스로 유입되었고, 남조 유다 왕국의 2개 지파에 속한 유대인들 중 다수도 아스그나스(아르메니아 조지아)로 이동하여 토착화된 후, 상황과 여건에 따라 유럽의 각 지역으로 이동했다고 보는 것이 합리적인 견해라고 본다. 아스그나스의 본고장인 아르메니아 조지아에 남아 있던 유대인들 중에 사도들의 선교로 기독교인이 된 경우가 많았을 것이고, 아스그나스 유대인만큼이나 아스그나스 기독교인(Ashkenazi Christians)들도 적지 않았을 것이다. 비록 많은 수의 아스그나스 유대인이나 세파라드 유대인들이 유럽 곳곳에 계속 남아 있었지만, 아스그나스의 본토인 아르메니아와 조지아에 남은 유대인 포함 후예들이 주축이 되어 각각 세계 최초(주후 301년)와 역사상 두 번째(주후 326년)로 기독교 국가가 되는 축복을 누리게 되었다. 유럽의 다른 이름인 아스그나스(Ashkenaz)도 대륙 전체가 기독교를 수용하였고 16세기 종교개혁을 통한 신앙 혁명을 이룩하였다. 더 나아가 아스그나스(유럽)의 후예들이 신대륙으로 흩어져서 지경을 넓혔으니 이 얼마나 귀한 예언적 축복의 성취인가! 다시 한번 강조하지만, 이 엄청난 일들이 아스그나스의 땅, 아르메니아 조지아로부터 시작되었다는 점을 꼭 기억하자.

'가나안은 그의 종이 되게'(창9:27)

노아의 장자인 야벳이 받은 예언 중에 가장 난해하고 민감한 것이 이 구절이다. 이 구절 하나로 함(가나안)의 후예들은 역사상 중요한 순간마다 아르메니아 조지아로부터 시작된 아스그나스 유대인 중심의 선민사상이나, 아스그나스로 불리는 유럽 등에서 백인 우월주의 내지는 백인 우파, 백인 리버럴(The White Liberals), 그리고 근본주의적인 백인 복음주의자들의 성경적, 사상적 근거로 악용되었고 왜곡되어 왔다. 필자도 소싯적부터 이 구절을 대하면서 인종차별적인 편향된 시각을 가졌던 적도 한때나마 있었다. 일시적으로 그랬는지 지금도 그러는지 속단할 수 없지만, 적지 않은 목회자들이 그리 가르치고 설교하니 순진한 청소년들이나 성도들이 '아멘'(?)으로 맹종할 수밖에. 필자는 이 구절에 대하여 세 가지로 문제제기를 하며 답을 찾아보았다.

첫 번째로, 노아의 막내아들인 함이 아버지의 수치를 과도하게 드러내어 큰 잘못을 저지른 점에 대해서는 인정하지만, 왜 노아는 함이 아니고 가나안에 대하여 저주를 하였고, 이 부분이 전부인양 두드러져 보이게 되었을까? 일부 성경학자들은 아버지 함과 함께 그의 막내인 가나안이 그런 잘못을 저질렀기 때문이라고 기술한다. 그런 주장이 일리는 있어 보인다. 하지만, 성령님의 감동으로 창세기의 저자인 모세에게 영감을 주셔서 기록된 말씀임을 전제하면서, 모세가 창세기를 기록할 당시의 상황이 가나안 정복이라는 중차대한 과업을 목전에 두고 있었기 때문에 이스라엘 백성들에게 가나안은 저주를 받은 민족이기에 넉넉히 이길 수 있다는 메시지를 전달할 의도도 다분했다고 보는 것이 자연스러워 보인다.

두 번째로, 함(가나안)이 장남 야벳과 차남 셈의 종이 된다고 노아가 예언을 했다면, 함의 족보를 아예 빼든지 크게 축소해야 맞지 않았을까? 창세기 10장에 언급된 함의 자손들을 무슨 노예들의 명부처럼 보아야 하는가? 창세기 10장에 나타난 열국들의 테이블을 자세히 들여다보면, 노아의 장남인 야벳에게 베풀었던 예언적 축복들은 실로 대단했다. 그런 점에 비해서 기록된 족보의 분량이 상대적으로 너무 적다. 야벳의 족보는 단 네 개의 구절로 마무리 된다. (10:2-5) 반면 저주를 받았던 함(가나안)의 족보는 14개의 구절인 데다 구체적인 설명까지 곁들여 있어 크게 비교된다. (10:6-20) 심지어 11개 구절을 할애하여 언급된 셈보다도 분량이 더 많다. (10:21-32) 어떤 사람들은 양보다 질이 더 중요하다고 신경질적인 반응을 보일 수도 있다. 그러나, 이는 구속사적인 견지에서 기록된 하나님의 말씀이 처음부터 저주와 정죄를 넘어서는 사랑으로, 그리고 열국을 포기하지 않고 품으시는 창조주 하나님의 원대한 섭리로 간파되었다고 보는 것이 더 옳지 않을까!

세 번째로, 필자가 성경과 역사를 통시적으로 바라보며 유심히 찾아보아도 함(가나안)의 후예들이 셈(이스라엘과 유대인)의 후예들에게 종의 종이 되는 경우가 출애굽 후 가나안 정복이 대표적으로 보이는데, 그 외에 다른 중요한 사건들이 있었는가? 이스라엘, 히브리 민족, 유대인이라는 견지에서 보면, 함(가나안)의 후예들보다 히브리 민족이 먼저 애굽 땅에서 비참한 노예 생활을 했다. 심지어 가나안 땅을 정복한 후에도 그 족속들을 완전히 축출하지도 못했다. 함의 막내아들인 가나안이 낳은 둘째 아들 헷은 히타이트 제국을 건설하여 가나안 땅을 비롯한 고대 근동 일대에서 엄청난 영향력을 끼쳤다. 이집트 제국도 오랫동안 고대 근동의 맹주로 군림하며 셈의 후예들과 야벳의 후예들에게까지 지배력을 행사하며 필요하면 노예로 부리기도 하였다. 어떤 이들은 야벳의 후예들로서 아스그나스(Ashkenaz)로 불리던 유럽인들이 식민지 통치를 하며 함의 후예들을 노예로 부리지 않았냐고 항변할 수도 있다. 이는 굉장히 위험한 식민사관이다. 일본이 한일합병 후에 한반도의 근대화 등 모든 면에서 발전의 기회를 주었다고 식민지배를 정당화하는 입장과 같은 것이다. 함의 후예들이라고 하는 아프리카 흑인들을 노예로 전락시킨 것은 엄연히 국제법상 침탈행위이며 하나님의 형상을 지닌 같은 인간에 대한 중대 범죄에 해당한다. 그래서 노아의 예언을 함부로 사용하면 안 되는 것이다. 성경은 받들어 섬겨야 하는 하나님의 말씀이지 인간이 자신의 행위를 합리화하기 위해 이용하거나 악용하는 자의적 수단이 되어서는 곤란하다.

이상과 같이 두 편의 글을 통해 살펴본 대로, 아르메니아 조지아(아스그나스)는 노아로부터 시작된 신인류가 생육하고 번성하는 과정에서 신인류의 장자권을 가진 장자의 나라가 되는 특권과 축복을 받았던 것이다. 물론 성경의 구속 역사를 볼 때, 셈의 혈육들이 받았던 영적 장자권에 대해서는 유구무언일 정도로 하나님의 은혜와 자비와 긍휼이 넘쳐 났다. 하지만, 타락한 본성을 지닌 인간이 문제였다. 이스라엘, 히브리 민족, 유대인으로 대변되는 사람들은 하나님의 놀라운 은혜들을 제대로 간직하지 못했다. 결국 그들은 패망하였고 제국들의 땅으로 끌려가 또다시 노예 생활을 하게 되었다. 일련의 역사적인 사건들 속에서, 이스라엘의 유대인 중 다수가 노아로부터 장자의 특권과 축복을 받고 있었던 조지아 아르메니아, 즉 아스그나스에서 토착화된 후, 아스그나스 유대인들(Ashkenazi Jews) 또는 아스그나스 기독교인들(Ashkenazi Christians)로 재탄생 하게 되었다. 이는 노아의 장자 계열인 아스그나스가 노아의 둘째 아들 세대와 막내아들 계대까지 품고 아우르는 대역사였다. 신묘막측한 하나님의 원대한 섭리는 실로 경탄을 금치 못하며 무조건 송축과 찬양과 영광을 그분께 돌릴 수밖에 없다. 오직 하나님께만 영광을! Soli Deo Gloria!

아르메니아 조지아와 예레미야의 예언 1

아스그나스(Ashkenaz, 아르메니아 조지아)의 엄청난 파급력

두 번에 걸쳐 기록한 '아르메니아 조지아와 노아의 예언'(1, 2)을 통해서 노아의 증손이자 야벳의 장손인 아스그나스가 유럽 전체를 통칭하는 용어로 사용되어 왔다는 사실을 언급하였다. 이는 당대와 후대의 역사가들이 이런 점을 기술했다는 것과 유대교의 대표적인 분파가 아스그나스 유대인(Ashkenazi Jews)이라는 점 등에 근거한 것이었다. 이런 과정에서, 필자는 야벳이 노아의 장남임을 언급하는 가운데, 영어권을 중심으로 전 세계적으로 널리 읽히고 있는 뉴인터네셔널 버전(New International Version, NIV) 성경에서 야벳이 장자라고 분명하게 기록하고 있는 것을 보면서, 혹시 영어권의 다수가 백인, 즉 야벳의 후예이자 아스그나스(유럽)로 불리는 그들의 백인 우월주의가 야벳을 장자로 규정해 버린 것이 아닌가 숙고하기에 이르렀다. 노아의 아들들에 대한 출생 순서에 대하여 건전한 다수의 주장이 있기는 하지만, 여전히 전문가들 사이에 입장차가 있다는 점을 상기할 때, 역사적인 견지에서 필자는 야벳의 생물학적 장자를 주장하지만, 영어 성경 번역에 가려진 백인 우월주의 또한 경계하고 싶은 것이다. 아르메니아 조지아를 대표적으로 지칭했던 아스그나스 (Ashkenaz)가 유럽 전체를 아우르는 명칭으로 불리게 된 것이 역사적인 사실이기 때문에, 백인 우월주의와 같이 잘못되고 왜곡된 주장들을 경계 하면서도, 그 실제 정황에 근거한 본질은 잊지 말아야 한다는 것이 필자 의 입장이다.

아스그나스에 대한 예레미야의 첫 번째 예언

예레미야 1장 13절부터 19절과 6장 1절부터 30절의 말씀을 볼 것 같으면, 그가 '북으로부터'(From the North)라는 지정학적 위치를 말하면서 불순 종하고 범죄한 나라와 백성을 심판하는 도구로 북방의 열국들을 동원할 것이라고 예언한다. 예레미야의 예언을 보자: '여호와의 말씀이 다시 내 게 임하니라 이르시되 네가 무엇을 보느냐 대답하되 끓는 가마를 보나이 다 그 면이 북에서부터 기울어졌나이다. 여호와께서 내게 이르시되 재앙 이 북방에서 일어나 이 땅의 모든 거민에게 임하리라.'(1:13-14) 예레미야 6장의 예언도 보자: '여호와께서 이같이 말씀하시되 보라 한 민족이 북방 에서 오며 큰 나라가 땅끝에서부터 떨쳐 일어나나니. 그들을 활과 창을 잡았고 잔인하여 자비가 없으며 그 목소리는 바다가 흉용함 같은 자라 그 들이 말을 타고 전사같이 다 항오를 벌이고 딸 시온 너를 치려하느니라 하시도다.'(6:22-23) 예레미야 6장 1절에서도 '북방에서'라는 단어를 분명 하게 사용하면서 예언을 이어 갔던 것이다.

역사적으로, 예레미야가 예언을 시작한 때를 주전 626년경으로 본다면, 그의 예언 속에 등장하는 북방의 엄청난 세력은 과연 어느 왕국이었는가? 첫 번째로, 아시리아 제국일 수 있는가? 물론 가능성은 있었다. 하지만 주전 631년에서 주전 627년 어간에 실제적으로 앗시리아(앗수르) 제국의 마지막 왕이라고 할 수 있는 앗수르바니팔(Ashurbanipal, 주전 669-631 또는 627년 재위)이 죽었기 때문에 예레미야의 예언 내용과는 거리가 있어 보인다. 썩어도 준치라고 앗시리아의 남은 자들이 곳곳에서 항쟁하며 제국의 몰락을 막아 보려 했지만 역부족이었다. 두 번째로, 신생 바벨로니아 제국(Neo-Babylonian Empire)이었는가? 역사적으로, 성경적으로 그렇다고 할 수 있다. 신생 바벨로니아(바벨론) 제국의 초대 왕인 나보폴라살르(Nabopolassar)가 권좌에 앉았던 주전 626년에 예레미야가 공식적인 활동을 시작했으므로 가장 직접적인 연관성이 있다고 하겠다. 어찌 보면 예레미야가 예언했던 거의 모든 내용들이 신생 바벨로니아를 빼고는 설명이 안 되니 말이다.

세 번째로, 그럼 예레미야의 예언이 신생 바벨로니아 제국에 초점이 맞춰져 있다는 점을 전제하지만, 그가 북방의 열국들이라고 복수형을 사용했다는 사실에 기초할 때, 초기 예언과 연관되는 다른 강력한 제국은 무엇인가? 언뜻 보기에 이집트 제국이 떠오를 수 있다. 그러나 당시 이집트의 26왕조는 앗시리아 제국의 에사르핫돈(Esarhaddon)에 의해 정복되었고, 그가 세운 파라오가 권좌에 앉아 정복자의 감시와 간섭을 받고 있었다. 예레미야의 활동시기에 이집트를 정복했던 앗시리아 제국이 패망하자 파라오들이 팔레스타인을 비롯한 북쪽으로 그 세력을 확장하려고 시도했었지만 신생 바벨로니아 제국을 넘어설 수는 없었다. 아울러 이집트 제국은 또 다른 강력한 제국의 도전에 직면해 있었으니, 그 제국이 바로 스키타이(The Scythian Empire) 또는 아스그나스(Ashkenaz) 세력이었다. 시대별로, 또는 언어에 따라서, 스키타이를 부르는 명칭들이 유사하고 다양했지만, 보편적으로 아스그나스로 인식되어 갔다.

이집트 제국과 고대 근동을 평정했던 스키타이 즉 아스그나스

그리스의 역사가인 헤로도투스(Herodotus, 주전 484-415경)는 스키타이 즉 아스그나스가 고대 근동을 압도하던 대제국이자 맹주였다고 기록하였다. 장구한 역사의 안목에서 보면, 천하를 호령했던 앗시리아 제국이 점차적으로 쇠퇴해 갔던 요인 중에 스키타이 즉 아스그나스 세력들의 위협적인 도전이 있었던 것을 알 수 있다. 이런 권력의 공백을 틈타서 스키타이 즉 아스그나스는 메소포타미아와 아나톨리아를 넘어서 팔레스타인의 지중해 해안을 따라 파죽지세로 몰아쳐 남하했다. 이때가 앗시리아 제국이 패망한 이후인 주전 623년에서 616년 어간이었다. 아스그나스의 세력이 얼마나 위협적이었던지 감히 대항하는 자들이 없을 정도였다. 그들은 거의 대부분 무혈입성하고 점령하였다. 이에 위협을 느낀 이집트의 파라오 쌈틱 1세(Psamtik I)는 북쪽 국경까지 몸소 나와서 입조하고 엄청난 조공을 바쳐서 아스그나스의 남하를 간신히 저지하였다. 앗시리아의 제국에게 정복당한 후, 부친에 이어서 조공을 바치고 있었던 쌈직 1세는 앗시리아의 패망과 함께 내정 간섭에서 벗어나서 이집트 제국의 영향력을 북쪽으로 확장하려던 야심찬 계획을 가지고 있었는데 아스그나스의 등장으로 무산되고 말았다.

아스그나스에 대한 예레미야의 예언이 성취되다

예레미야가 활동하던 시기를 기준으로 그가 말한 '북으로부터' 온 열방들 가운데 신생 바벨로니아 제국을 제외하고 가장 위협적이고 강력했던 제국이 아스그나스 즉 스키타이였다. 예레미야가 대언한 1장과 6장의 내용과 정확하게 일치한다. 특히 예레미야 1장의 내용 중에 마지막 절이 이를 증명한다: '그들이 너를 치나 이기지 못하리니 이는 내가 너와 함께하여 너를 구원할 것임이니라 여호와의 말이니라.'(1:19) 스키타이 즉 아스그나스 세력은 팔레스타인 전체와 심지어 이집트까지 공포에 떨게 만들었다. 그들의 등장만으로 모두가 싸우려는 의지를 내려놓고 항복하고 영접하였다. 예레미야의 예언대로 아스그나스 군대는 남왕국인 유다 왕국의 존재를 알고 있었으면서도 그 수도인 예루살렘을 공격하지 않았다. 이 같은 사실은 앗시리아의 쐐기문자로 기록된 내용들과 일치하며 그리스의 역사가인 헤로도투스의 서술과도 동일하다. 아울러 예레미야 1장의 내용이 신생 바벨로니아 제국일 수 없는 이유가 그들이 남조 유다 왕국을 단순히 공격만 한 것이 아니라 나라 전체를 초토화 시키고 심지어 예루살렘을 철저하게 파괴하였기 때문이다. 예레미야 1장에는 분명히 여호와 하나님의 구원과 대적들이 승리하지 못한다고 말씀하고 있다.

아스그나스와 블레셋에 대한 예언

예레미야가 열국에 대한 예언을 이어가면서 블레셋에 대하여도 예레미야 47장을 통해 예언한 것은 맞다. 그 내용 중에 일부가 아스그나스 즉 스키타이의 강력한 등장과 비슷한 면모가 있기는 하지만, 예레미야의 예언에서 보이는 초토화의 모습과는 사뭇 다르다. 오히려 스바냐 2장 4절부터 7절의 내용이 아스그나스 또는 스키타이의 등장과 흡사하다. 이 부분에 대해서도 앗시리아의 기록이나 헤로도투스의 서술과 일치한다. 예레미야와 스바냐의 예언을 통해서 볼 것 같으면, 어떤 측면에서 아스그나스 또는 스키타이의 강력한 등장은 일종의 경고였던 것이다. 이미 북왕조인 이스라엘 왕국은 멸망하여 대다수가 앗시리아 땅으로 끌려가서 노예로 전락하였고, 그들의 살던 땅에는 정복자가 임의로 이주시킨 다인종들이 몰려들었다. 이제 반쪽만 남은 분열왕국의 마지막 보루였던 유다 왕국도 그런 전철을 밟을 수밖에 없다는 엄중한 경고 말이다. 반쪽만 남은 이스라엘의 마지막 희망인 남조 유다 왕국과 그 백성들이, 폭풍처럼 휘몰아쳤지만 유대인을 공격하지 않았던, 아스그나스(Ashkenaz)와의 바람처럼 스치듯 지나간 인연이 향후 이스라엘 백성들 중 다수가 장차 아스그나스(아르메니아 조지아) 땅으로 이주하여 토착화된 후, 유럽의 곳곳으로 가서 아스그나스 유대인이나 아스그나스 기독교인(Ashkenazi Christians)이 되는 역사적 복선과도 같았다. 역사의 흐름 속에서 유럽 전체를 아스그나스라고 통칭하게 되었으니 말이다.

예레미야의 예언이 성취된 이후

앗시리아의 기록이나 헤로도투스의 서술에 의할 것 같으면, 북풍처럼 휘몰아쳤던 스키타이 즉 아스그나스는 이집트를 굴복시켰고 지중해 지역을 석권하면서 고대 근동 지역 전체를 아우르며 호령하였다. 하지만 그들의 호전적인 기상조차도 신생 바벨로니아 제국의 확장과 지금의 이란 지역인 자그로스(Zagros) 산맥을 평정하며 세력을 확장하던 메데(Medes)의 도전 앞에서 점차 북방지역으로 이동할 수밖에 없었다. 이것은 패퇴가 아니라 새로운 역사를 열어가는 과정이었다. 그들은 아스그나스의 땅이라고 불린 아르메니아 조지아를 거쳐 코카서스산맥을 넘어 유럽 전역으로 영향력을 확대하는 새 역사를 만들어 갔다.

이런 역사의 흐름은 아스그나스와 관련된 예레미야의 두 번째 예언을 위한 전주곡이었던 것이다. 예레미야 51장의 예언은 남조 유다 왕국을 멸망시키고, 성전 파괴와 예루살렘을 초토화 시켰던, 신생 바벨로니아 제국에 대한 엄중한 심판을 말씀하기 때문이다: '땅에 기를 세우며 열방 중에 나팔을 불어서 열국을 예비시켜 그를 치며 아라랏과 민니와 아스그나스 나라를 불러모아 그를 치며 대장을 세우고 그를 치되 사나운 황충같이 그 말들을 몰아오게 하라'. (51:27) 강력한 태풍처럼 팔레스타인 지역으로 쇄도하였지만, 남조 유다 왕국을 공격하지 않았던, 스키타이 즉 아스그나스를 하나님은 자신의 백성들에게 필요 이상의 고통을 안겼고, 하나님 임재의 상징인 성전을 파괴하였던, 신생 바벨로니아 제국에 대한 심판의 도구로 활용하신다니 이 얼마나 신묘막측한 역사인가! 이런 견지에서 '아르메니아 조지아와 예레미야의 예언 2'에서는 아라랏(Ararat), 민니(Minni), 아스그나스(Ashkenaz)에 대하여 비교적 소상하게 다룰 것이다.

아르메니아 조지아와 예레미야의 예언 2

'아르메니아 조지아와 예레미야의 예언 1'에서 살펴본 대로, 예레미야 1
장/6장과 스바냐 2장의 예언들이 아스그나스(Ashkenaz) 즉 스키타이
(The Scythian Empire)의 등장을 가르킨다고 밝혔다. 아스그나스 군대가
태풍처럼 몰아치며 고대 근동 전체와 특별히 팔레스타인 해안을 따라 이
집트까지 공포의 도가니로 몰아넣었음도 보았다. 예레미야의 예언대로,
아스그나스(스키타이) 군대는 정말 신기하게도 남조 유다 왕국을 공격하
지 않았고 엄청난 공포심만 남긴 채 그냥 스치듯 지나갔다. 필자는 이런
모습을 대하면서 아스그나스와 이스라엘의 관계를 '섭리적 인연' 또는 '역
사적 복선'이라고 표현코자 한다. 이전 글들에서 여러 번 밝힌 대로, 향후
이스라엘의 다수가 아스그나스(아르메니아 조지아)의 땅으로 이동하여
토착화된 후, 그들이 유럽으로 흩어져서 아스그나스(유럽)의 대륙으로
불리도록 결정적인 영향을 주었다. 하나님이 섭리하시는 역사는 인간의
상상을 초월하며 신묘막측하다고밖에 달리 할 말이 없다.

이제 하나님의 백성들에게 수치와 고통을 안겨 주었고, 하나님 임재의 상
징인 솔로몬의 성전을 파괴하였던, 신생 바벨로니아 제국에 대하여 하나

님께서 심판의 도구로 사용하시는 열방들의 면면을 보자. 다음은 예레미야의 예언이다:

'땅에 기를 세우며 열방 중에 나팔을 불어서 열국을 예비시켜 그를 치며 아라랏과 민니와 아스그나스 나라를 불러 모아 그를 치며 대장을 세우고 그를 치되 사나운 황충 같이 그 말들을 몰아오게 하라'. (렘51:27)

1. 예레미야의 예언 속에 등장하는 아라랏(Ararat, 우라투 Urartu)

아라랏은 창세기 8장 4절에 처음 언급되었다. 물로 심판하신다는 하나님의 말씀대로 되었고 노아의 방주만이 일정 기간 동안 떠돌다가 아라랏산에 도착하였다. 아직도 논란이 되고 있는 에덴동산의 위치가 고대 아르메니아 지역에 있었다고 가정하면, 창세기 1장에서 5장은 물론이거니와, 노아가 등장하는 창세기 6장과 7장을 포함하여, 아라랏산이 나오는 창세기 8장부터 10장까지 전부가 아라랏산 주변에서 일어났다고 해도 과언이 아니다. 대다수의 전 세계 사람들이 가능성 차원에서 이해할 때, 아르메니아 조지아는 가능성과 함께 그것이 실제였다고 믿어와서인지는 모르지만, 그들의 역사적, 신앙적 자부심은 제3자의 눈치 따위는 개의치 않고 엄청난 것이 사실이다. 이는 자손 대대로 그들에게 아라랏산은 영산이자 하나님 임재의 상징이었기 때문이다.

앗수르 왕 산헤립의 암살

역사적으로 노아를 중심으로 하는 신인류가 아라랏산 주변으로부터 생육하고 번성하면서 창세기 10장에 나온 대로 열국들을 이루었다. 이후에 노아의 아들인 야벳의 직계로 구성된 아라랏(Ararat)은 열왕기하 19장 37절과 이사야 37장 38절 등에서 앗시리아 제국과 남 왕국인 유다 왕국 사이에서 벌어졌던 전쟁과 연관하여 성경 기록에 등장하였다. 필자는 아라랏(우라투)의 등장과 직결되는 산헤립 왕의 암살 배경에 대하여 먼저 다루려고 한다. 앗시리아 제국의 산헤립(Sennacherib) 왕이 주전 701년에 예루살렘을 포위 공격하는 와중에, 히스기야의 기도로 천사가 나가서 185,000명이나 되는 앗시리아 군대를 몰살시켰다. 이런 사실은 열왕기하와 이사야서에만 찾을 수 있다. 앗시리아 기록이나 그리스 역사가들은 산헤립이 팔레스타인을 비롯한 고대 근동의 주요 지역들을 복속시켰다는 내용만을 다루고 있다. 특히 앗시리아는 자국의 군대가 거의 전멸하다시피 한 패배의 기록을 남겼을 리가 없었으니 말이다. 주전 701년 예루살렘의 포위 사건 이후 산헤립이 약 20여 년을 권좌에 앉아 있었다는 사실을 생략한 채, 성경은 앗시리아 군대의 패퇴 후 곧 바로 그 연장선상에서 산헤립이 수도인 니느웨의 한 신전[아마도 씬(Sin)을 숭배하는]에서 그의 아들들에게 암살당했다고 기록하였다. 이때가 주전 681년 10월 20일이었다고 앗시리아 역사는 연월일까지 정확하게 기술하였다. 산헤립의 암살 사건은 앗시리아 제국 내부의 치열한 권력 다툼에서 기인한 비극이었지만, 열왕기서의 저자는 북 왕국을 멸망시키고 남 왕국인 유다 왕국까지 침략한 앗시리아 제국의 왕인 산헤립에 대한 하나님의 심판과 저주라는 뉘앙스를 갖도록 기술하였다.

사실 이 당시 앗시리아 제국의 수도인 니느웨에서는 산혜립 왕의 후계를 둘러싼 암투가 치열하게 벌어지고 있었다. 일찍이 첫 번째 아들인 아쉬르 나딘 쉬미(Ashur Nadin Shumi)가 태자로 봉해졌다가 갑자기 기록에서 사라지며 처형되었을 것이라는 추측을 낳았다. 다음 태자로 봉해진 아들이 아르다 물리수, 즉 아드라멜렉이었다. 역사는 그가 앗시리아 제국의 신민들에게 상당한 지지와 사랑을 받았다고 기록한다. 앗시리아 역사는 산혜립의 뒤를 이어 왕이 된 에사르핫돈의 모친이 대단한 여걸로서 국왕과 신하들에게 영향력을 행사하여 아르다 물리수, 즉 아드라멜렉을 폐위시키지 않았나 의심하였다. 강제로 폐위된 아르다 물리수(아드라멜렉)는 억울함, 분노, 조바심, 권력욕이 한데 어우러져 부친을 암살하고 말았다. 그를 따르던 추종자들조차도 아르다 물리수의 극단적인 행동에 대하여 무척이나 당황하였고 심지어 등을 돌리는 이들이 많았다고 한다. 이런 불행을 예감했었는지 산혜립 왕은 혹시 모를 변고에 대비하여 새롭게 태자가 된 에사르핫돈에게 군대를 맡겨서 수도인 니느웨 외곽에 주둔케 하였다. 산혜립의 예상이 적중하였고 자신이 새롭게 태자로 옹립한 에사르핫돈이 암살 사건을 주도했던 정적들을 제압하고 보위에 올랐다.

암살자들이 아라랏(우라투)의 땅으로 도주

주후 681년 10월 20일에 산혜립은 태자로 봉해졌다가 폐위당했던 아르다 물리수(Arda Mullisu)와 그의 동생 나부 샤르 우수르(Nabu Shar Usur)에 의해 살해되었다. 성경은 아르다 물리수를 **아드라멜렉**으로, 나부 샤르 우수르를 **사레셀**이라고 기술하였다. 여기서 우리의 관심은 그 암살자들이 **아라랏 땅**으로 줄행랑을 쳤다는 것이다. 필자가 '아르메니아 대학살의 현장을 가다'를 통해서 고대 우라투(Urartu) 왕국 또는 제국의 이름이 아라랏과 동일하다고 언급했었다. 성경에서는 아라랏으로 기록되어 있지만, 역사에서는 주로 우라투(아라랏)로 더 많이 사용되고 있다. 그럼 여기서 한 가지 의문이 든다: 당시 앗시리아 제국이 천하를 주름잡던 대제국이었는데, 암살자들이 아라랏의 땅, 즉 우라투 왕국으로 피하는 것이 안전했는가? 한마디로 그렇다이다. 왜냐하면 노아의 땅에서 신인류의 직계로 살아오고 있었던 아라랏, 즉 우라투 왕국은 앗시리아 제국과 일진일퇴를 하면서도 절대 밀리지 않았고, 산헤립이 암살당했던 주전 681년 당시 우라투(아라랏) 왕국이 앗시리아 제국을 패퇴시키며 무시무시한 위용을 자랑하고 있었기 때문이다.

아라랏(우라투) 왕국의 황금기

우라투 왕국의 아르기쉬티 2세(Argishiti II, 주전 714-680 재위)는, 앗시리아 제국에서 위대한 왕 중의 한 명이라고 하는, 산헤립 왕을 몰아쳐서 영토 확장뿐만 아니라 이에 위협을 느낀 앗시리아 제국으로부터 평화 협정 제안을 받아내기까지 하였다. 그러니 산헤립을 죽인 역도들이 안심하고 도피할 수 있는 곳이 아라랏, 즉 우라투 왕국이야말로 최적임지였던 것이다. 앗시리아 역사는 권좌를 물려받은 에사르핫돈(Esarhaddon)이 부왕 산헤립의 암살과 연관이 있는 사람들을 모조리 처형하는 대대적인 피의 숙청을 벌였다고 기술하였다. 앗시리아의 수도인 니느웨에 남아 있던 다른 왕자들도 거의 대부분 처형되었다. 우라투(아라랏) 왕국으로 도망쳤던 아드라멜렉과 사레셀만 생존하였다. 앗시리아나 그리스 등 그 어떤 역사 기록에도 앗시리아 제국에서 두 명의 암살자들을 잡으려고 추격대를 보냈거나 군대를 일으켰다는 기록이 없다. 그만큼 우라투(아라랏) 왕국은 대제국조차도 함부로 범접할 수 없는 위용을 떨치고 있었다는 말이다.

아라랏(우라투)의 이름으로

그 이후 아라랏(우라투) 왕국은 앗시리아 대제국의 패망(주후 609년), 신생 바벨로니아 제국의 확장과 패망(주후 539년), 그리고 이란 계열의 메데와 고대 페르시아의 등장이라는 역사의 소용돌이 속에서도 자신의 정체성을 잃지 않고 명맥을 유지하고 있었다. 비록 예레미야가 51장 27절을 통해 예언할 당시에 메데의 영향을 받고 있었다고는 할지라도, 예레미야가 아라랏(우라투)라는 이름을 정확히 구분하여 기술한 점과 북쪽에서 휘몰아치는 북방 연합군의 일원으로 당당하게 그 이름을 올렸다는 점에서 아라랏(우라투)의 존재감은 여전했다고 볼 수 있다. 북 왕국인 이스라엘 왕국을 멸망시켰고 남 왕국 유다를 공격하였던 앗시리아 제국은 아스그나스(스키타이) 제국의 도전과 신생 바벨로니아 제국의 결정적 한 방을 얻어맞고 역사의 뒤안길로 사라졌다. 또한 유다 왕국을 멸망시켰고 예루살렘과 솔로몬의 성전을 파괴하였던 신생 바벨로니아 제국은 창업한지 미처 한 세기도 채우지 못하고 고대 페르시아 제국의 고레스(Cyprus)를 중심으로 한 북방 연합군에 의해 처참한 최후를 맞이하였다. 예레미야 선지자 등은 이런 역사를 하나님의 심판이라고 예언하였고 그대로 성취되었다.

영산이자 하나님 임재의 상징인 아라랏산의 정기를 받고 번성하던 아라랏, 즉 우라투 왕국을 하나님께서 시의적절하게 역사적인 심판의 도구로 사용하신 것이 우연이 아니라 매우 잘 예비된 계획이라는 생각이다.

아르메니아 조지아와 예레미야의 예언 3

'땅에 기를 세우며 열방 중에 나팔을 불어서 열국을 예비시켜 그를 치며
아라랏과 민니와 아스그나스 나라를 불러 모아 그를 치며 대장을 세우고
그를 치되 사나운 황충 같이 그 말들을 몰아오게 하라'. (렘51:27)

2. 예레미야의 예언에 등장하는 민니(Minni, Mannai, Mannea, Mannaeans)

예레미야가 말한 북방의 고지대에는 반 호수(Lake Van)를 중심으로 세력
을 떨치고 있었던 아라랏(우라투) 왕국이, 우르미아 호수(Lake Urmia)를
끼고는 마네안(민니) 왕국이 자리 잡고 있었다. 마네안(민니) 왕국은 영
산인 아라랏산을 중심으로 동남부에 위치하였다. 마네안(민니)이 역사의
기록에 등장하기 시작한 때는 대략 주전 828년경이었다. 당시 앗시리아
제국의 살마네세르 3세(Shalmanesser III)가 통치한 지 30년째 되는 해였
다. 아라랏 왕국의 기록에서도 앗시리아와 비슷한 시기에 마네안(민니)
이 언급되기 시작하였다. 하지만 이란의 하산루(Hasanlu)에 대한 고고학
적 발굴을 통해서 볼 것 같으면, 마네안(민니)의 역사는 이보다 훨씬 오래

되었을 것으로 추정된다.

고대 근동과 주변 지역에서 전쟁이 빈발해지면서 말을 기반으로 하는 기병대와 전차부대의 중요성이 비등하였다. 이는 곧 튼실한 말을 기를 수 있는 최적지에 대한 관심으로 이어졌다. 마네안(민니)들의 땅이었던 우르미아 호수 주변은 비옥한 토양과 최상의 목초지였기 때문에 양질의 말을 길러낼 수 있었다. 마네안(민니)들은 이를 기반으로 국력을 축적하고 주변국들로 영향력을 확대해 나갔다. 그들은 초강대국인 앗시리아 제국과 무시할 수 없는 강소대국인 아라랏 왕국과 필연적인 경쟁을 할 수밖에 없었다. 이 같은 사실은 마네안(민니)의 왕들, 즉 우알키(Ualki), 아자(Aza), 울루수누(Ullnusunu), 아세리(Ahseri), 우알리(Ualli), 에리시니(Erisini) 등이 주변의 강대국들과 경쟁했던 역사를 통해 알 수 있다.

양질의 군마가 필요했던 앗시리아 제국은 주전 714년 경 사르곤 2세가 마네안(민니)의 영토를 침략하여 그 수도인 이지르투(Izirtu)를 함락시켰고 파르수아(Parsua)에 군대를 주둔시켜서 체계적으로 말을 조달하였다. 주전 681년에 앗시리아 제국의 산헤립이, 폐위된 비운의 황태자인 아드라멜렉과 그의 동생에게 암살을 당한 후, 에사르핫돈이 정적들을 제거하고 왕위에 올랐지만, 대내외적으로 제국의 혼란은 피할 수 없었기 때문에, 마네안(민니)들은 이 틈을 이용하여 앗시리아 주둔군을 물리치고 자주권을 되찾았다. 그런 다음 마네안(민니) 왕국은 강대국들과의 외교적 성과를 바탕으로 군사적 충돌을 피하면서 주변 지역으로 영역을 확대하였다. 마네안(민니) 왕국은 앗시리아 제국과 신생 바벨로니아 제국 등이 차례로 패망하는 동안에도 자신만의 정체성을 견지하고 있었다.

예레미아 선지자가 신생 바벨로니아 제국의 몰락과 패망을 예언하면서, 하나님께서 심판의 도구로 사용하실 열국들 가운데 마네안(민니) 왕국을 구체적으로 언급한 것은 의미심장한 일이다. 어떤 학자들은 하 민니(HAR Minni)로부터 파생되어 아르메니아(Armenia)가 되었을 가능성을 주장하였으며, 더 나아가 게르마니아(독일)의 일부 특정 지역을 지칭하는 용어일 수 있다는 의견을 피력하였다. 마네안(민니) 왕국에 대한 일련의 역사적 흔적들은 그들이 우르미아 호수(Lake Urmia) 주변을 넘어서 보다 광활한 지역으로 확장해 갔다는 말이 된다. 태생적으로 기마민족의 전통을 가지고 있었던 마네안(민니) 왕국이 태풍처럼 몰아치는 기동력으로 신생 바벨로니아 제국을 무너뜨리는 북방 연합군의 일원으로 참전한 것이 어찌 보면 무척이나 자연스러워 보인다.

3. 예레미야의 예언에 등장하는 아스그나스(Ashkenaz, 스키타이 Scythian)

고대 근동의 비옥한 초승달 지역을 두고 열강들이 각축을 벌여 왔다. 예레미야의 예언을 전후하여 볼 때, 그들은 이집트 제국, 앗시리아 제국, 신생 바벨로니아 제국, 그리고 고대 페르시아 제국 등이었다. 이런 강력한 제국들에게도 항상 위협이 되어 왔던 세력이 있었으니 바로 북방의 열방들이었다. 예레미야의 예언에 등장한 **아라랏, 민니, 아스그나스** 등이 오래전부터 강인하고 진득하게 자신들만의 정체성을 지키며 대제국들에게 조차 순간순간마다 공포심을 주기도 했다. 영산인 아라랏산을 중심으로 맹주로 군림했던 아라랏(우라투) 왕국도 앗시리아 제국을 밀어붙여서 위축되게 만들었다. 마네안(민니) 왕국도 대제국들과 북방의 신흥세력들 사이에서 완충 역할을 하며 각 나라의 기록에 빈번하게 언급될 정도로 맹위를 떨쳤다.

필자가 이전 글들을 통하여 아스그나스(스키타이)에 대해서는 이미 여러 번 언급했으므로 독자 제위가 어느 정도의 사전 지식은 갖게 되었으리라 사료된다. 노아의 아들 야벳의 장남인 고멜은 시메리안(Cimmerians)으로 알려지며 북방의 여러 왕국들뿐만 아니라 대제국들에게 강한 인상을 심어 주었다. 시메리안들이 아라랏 왕국, 마네안(민니) 왕국, 그리고 주변 여러 나라들과 상호작용을 하며 대제국들의 멸망과 신흥 제국의 등장에 있어 나름대로 역할을 해 왔다. 그러다가 시메리안들이 일순간 가뭄에 콩 나듯이 기록에 등장하다가 어느 시점에는 아예 사라져 버렸다. 그렇게 잊혔던 그들의 흔적이 유럽의 여기저기서 발견되어서 놀라움을 불러일으키기도 했다. 마네안(민니)의 경우도 시메리안과 비슷한 양상을 보여 주었다. 북방에서 맹위를 떨치던 세력들이 갑자기 사라진 경우를 볼 것 같으면, 각 민족 별로 현재의 조지아 아르메니아 지역을 거쳐서 코카서스산맥을 넘어 러시아를 통과한 후 유럽의 여러 곳으로 흩어졌던 경우가 종종 있었다. 그런 연유로 유럽의 곳곳에서 북방 민족들의 흔적들이 보여지는 것이다.

어떤 측면에서 보면, 북방 민족들에게 가장 큰 공포심을 불러일으킨 세력이 아스그나스(스키타이)였다고 할 수 있다. 그들은 실제로 메뚜기 떼처럼 쇄도하여 각 왕국들을 혼란과 공포의 도가니로 몰아넣기 일쑤였다. 마네안(민니) 왕국 자체의 역사조차 기록이 빈곤한데도 불구하고, 마네안(민니) 역사에서 아스그나스(스키타이)가 비중 있게 기술된 것으로 볼 때, 그들의 영향력이 대단했음을 알 수 있다. 야벳의 장손이자 고멜의 장남인 아스그나스(스키타이)는 큰 세력을 이루어 점차적으로 북방지역을 아스그나스의 땅이라고 일컬을 정도로 강력한 영향력을 행사하였다. 아스그나스(스키타이)는 대제국들의 혼란기나 권력 이양기 등 힘의 공백을 파고들며 천하를 향해 포효하였다. 앞서 살펴본 대로, 아스그나스(스키타이)는 비옥한 초승달 지역으로 황충, 즉 무시무시한 메뚜기 떼처럼 순식간에 몰아쳐서 닥치는 대로 초토화 시키는 위엄을 보였다. 이집트 제국조차도 파라오가 직접 먼 길을 마다하지 않고 달려와서 대량의 조공을 바칠 정도였으니 말이다.

북방이 아스그나스의 땅으로 불리기 시작하면서, 그 영향으로 자취를 감추었던 마네안(민니)들과 시메리안들의 흔적이 유럽 곳곳에 남아서 다양하게 회자되는 듯싶었는데, 유럽에서조차도 이상하리만큼 빠른 속도로 아스그나스라는 이름만 남고 다른 것들은 사라졌다. 아스그나스의 영향력이 유럽까지 확대되면서 그나마 명맥이 남아 있던 여타의 북방 민족들의 흔적들이 소리 소문 없이 사라져 버렸다는 말이다. 아스그나스(스키타이)의 저력이 광범위하고 다양하게 파급력을 발휘했던 것으로 보인다. 로마가 하루아침에 이루어진 것이 아니듯이, 아스그나스(스키타이)도 마찬가지였음이다. 중국의 북방에서 초원지대를 장악한 몽골이 파죽지세로 몰려들 때, 당시 중세의 기독교인들이나 이슬람 신자들이 각자의 신이 내리는 심판으로 해석할 정도로 대단한 두려움을 안겨주었다. 중세기 몽골의 확장보다 거의 2천 년 정도 앞선 시점에서 아스그나스(스키타이)가 야기했던 공포감은 몽골이 안겨 준 공포보다 더하면 더했지 결코 덜하지 않은 두려움을 불러일으켰다.

예레미야가 예언한 내용들을 보면, 그가 세계정세에 대하여 폭넓은 식견을 가지고 있었음을 알 수 있다. 이전 글들에서 언급했던 대로, 예레미야는 1장과 6장을 통하여 이미 아스그나스(스키타이)의 엄청난 기동력과 파괴력을 예언했을 뿐만 아니라, 그 예언이 성취되었던 동시대에 살면서 직접 경험키도 했다. 즉 그가 역사의 목격자이기도 하다는 말이다. 예레미야의 경험과 지식에 근거하여, 예레미야서 51장 27절 후반부의 표현, 즉 '사나운 황충 같이'(like a swarm of locusts)라고 정확한 비유를 들어 그가 예언했다고 볼 수 있다. 대영박물관에서 아스그나스(스키타이)를 소개한 내용이 있는데, 가장 먼저 언급한 특징이 '무서운' '공포스러운' '두려움을 주는' 전사들이라는 것이다. 그만큼 그들의 등장 자체만으로도 열국들을 얼어붙게 만들었음이다. 필자는 예레미야가 아라랏(우라투), 민니(마네안), 아스그나스(스키타이) 등 북방 민족들의 호전성을 정확하게 알고 예언했다는 것이 놀라울 따름이다. 이는 예레미야의 학식이 탁월한 데다, 역사의 소용돌이 속에서 그가 직접 체험한 내용까지 어우러져, 성령 하나님의 감동으로 예언했기 때문이리라. 또한 예레미야의 예언 속에는 구속사의 큰 물줄기가 이스라엘(유대인)에서 아스그나스(유럽)로 옮겨 갈 것이라는 복선도 깔려 있어서 하나님의 신묘막측한 섭리에 그저 경탄할 따름이다. 구속사의 흐름을 통해 볼 때, 아스그나스 땅에서 아르메니아는 주후 301년에 세계 최초의 기독교 국가로 우뚝 섰고, 조지아도 세계 최초의 여성자 조명자 국가이면서 주후 326년에 역사상 두 번째로 기독교 국가가 되는 영예를 안았다.

아르메니아 조지아 성지순례의 실제

아르메니아 조지아 연구소(The Armenia Georgia Studies Institute, AGSI)

https://cafe.naver.com/armeniageorgia

하절기 일정 소개

1일 조지아 트빌리시 입국 및 순례 준비

2일

므츠헤타의 삼타브로(Samtavro, 권세자의 안식처)

A. 이스라엘 12지파에 속한 유대인들이 토착화된 후 회당을 중심으로 모이다가, 예수 그리스도의 십자가 사건과 오순절 성령 강림 현장을 목격했던 회심한 유대인들과, 사도들의 선교로 회심한 야벳의 직계인 조지아인들이 중심이 되어 가옥교회(House Church)를 설립했던 흔적 및 회심한 유대인 기독교인들의 무덤

B. 조지아의 여성 조명자 니노가 블랙베리 부쉬(The Blackberry Bush)의 비전을 통해 최초로 복음을 전한 장소

므츠헤타의 스베츠호벨리 카세드럴(Svetitskhoveli Cathedral, 생명을 주는 기둥)

이스라엘 유대인으로서 토착화된 엘리야와 카스넬리가 예수 그리스도의

십자가 사건을 목격한 후 주님의 성의를 구입해서 므츠헤타로 돌아와서 엘리야의 누이인 시도니아가 주님의 성의를 입고 즉사하자 그대로 매장, 그곳에 세워진 카세드럴이 스베츠호벨리, 조지아의 수도이자 신앙의 중심지

지바리 수도원
이교 신당이 있던 자리에 여성 조명자 니노가 작은 십자가를 세움으로 수도원의 기초를 놓음

트빌리시 메테히 교회와 10만 순교자의 다리

3일 보드베 니노의 무덤, 니노의 샘물, 아르메니아와 조지아 전통이 혼합된 시그나기
4일 이스라엘 12지파 중 토착화되어 살던 아스그나스 유대인들과 아스그나스 기독교인들이 왕래하던 코카서스산맥 체험, 스테판츠민다 룸스 호텔에서 까즈베기산 조망 및 게르게티 삼위일체 교회 탐방
5일 고리, 기독교인들의 피난처인 동굴마을 우플리츠케, 보르조미
6일 아르메니아 입국, 하나님이 지명하여 부른 바그라티 왕조가 세운 알라베르디 수도원 구역, 세반 호수 및 세바나방크
7일 영육간의 안식처 제르묵, 아르메니아 조명자 그레고리가 13년 동안 갇혀 있었던 코르 비랍, 역사적 에덴동산을 아우르는 아라랏산
8일 방주에서 나온 노아 일가가 살았던 바가르샤밧, 에치미아진 가야네 교회, 에치미아진 카세드럴, 박물관, 흐립시매 교회, 츠바르놋츠(천상의

천사들) 카세드럴에서 아라랏산 조망

9일 게하르드(예수님을 찌른 창) 수도원, 기독교 용도로 바뀌었던 가르니 신전, 주상절리 투어, 아르메니아 국립박물관, 기념품 구입

10일 아라갓산 앰버드 요새, 바라마샌 교회에서 역사적 에덴동산을 품은 아라랏산 조망, 대학살 공원, 마테나다란 고문서 보관소

11일 조지아 입국 및 트빌리시 구시가 투어, 기념품 구입

12일 역사적 에덴동산을 품은 아라랏산의 영감, 구속사의 큰 흐름 가운데 우뚝 서 있는 코카서스산맥의 감동을 품고 현재와 미래의 사역지로 출발

동절기 일정 소개

동절기의 장점
1. 항공료와 현지비용이 비교적 저렴
2. 눈으로 뒤덮인 코카서스의 절경을 감상
3. 신비로운 아라랏산의 위용
4. 흑해 연안의 바투미 유적(안드레 사도와 맛디아 사도)
5. 쿠타이시 방문
6. 따끈한 온천 체험

아르메니아 조지아 성지순례는 창세기 1장에서 10장까지의 배경임으로 가장 먼저 가야 하고, 아르메니아가 세계 최초의 기독교 국가이고, 조지아가 세계 최초의 여성 조명자 국가이며 세계 두 번째 기독교 국가이기 때문에 가장 먼저 가야 한다.

아르메니아 조지아 성지순례는 눈물, 기쁨, 환희, 위로, 평안, 영육간의 안식과 치유가 있다.

1일 조지아 트빌리시 입국 및 순례 준비
2일
므츠헤타의 삼타브로(Samtavro, 권세자의 안식처)
A. 이스라엘 12지파에 속한 유대인들이 토착화된 후 회당을 중심으로 모이다가, 예수 그리스도의 십자가 사건과 오순절 성령 강림 현장을 목

격했던 회심한 유대인들과, 사도들의 선교로 회심한 야벳의 직계인 조지아인들이 중심이 되어 가옥교회(House Church)를 설립했던 흔적 및 회심한 유대인 기독교인들의 무덤

B. 조지아의 여성 조명자 니노가 블랙베리 부쉬(The Blackberry Bush)의 비전을 통해 최초로 복음을 전한 장소

므츠헤타의 스베츠호벨리 카세드럴(Svetitskhoveli Cathedral, 생명을 주는 기둥)
이스라엘 유대인으로서 토착화된 엘리야와 카스넬리가 예수 그리스도의 십자가 사건을 목격한 후 주님의 성의를 구입해서 므츠헤타로 돌아와서 엘리야의 누이인 시도니아가 주님의 성의를 입고 즉사하자 그대로 매장, 그곳에 세워진 카세드럴이 스베츠호벨리, 조지아의 수도이자 신앙의 중심지

지바리 수도원(날씨에 따라서)
이교 신당이 있던 자리에 여성 조명자 니노가 작은 십자가를 세움으로 수도원의 기초를 놓음

트빌리시 메테히 교회와 10만 순교자의 다리

3일 하나님이 지명하여 부른 사람들인 바그라티 왕조의 쿠타이시
4일 이스라엘 12지파 중 토착화되어 살던 아스그나스 유대인들과 아스그나스 기독교인들이 왕래하던 코카서스산맥을 조망하면서, 흑해 연안의

바투미 유적 탐방(안드레 사도와 맛디아 사도)

5일 고리, 기독교인들의 피난처인 동굴마을 우플리츠케, 보르조미

6일 아르메니아 입국, 하나님이 지명하여 부른 바그라티 왕조가 세운 알라베르디 수도원 구역(날씨에 따라서), 세반 호수 및 세바나방크

7일 아르메니아 조명자 그레고리가 13년 동안 갇혀 있었던 코르 비랍, 역사적 에덴동산을 아우르는 아라랏산 조망, 예레반 투어

8일 방주에서 나온 노아 일가가 살았던 바가르샤밧, 에치미아진 가야네 교회, 에치미아진 카세드럴, 박물관, 흐릅시메 교회, 츠바르눗츠(천상의 천사들) 카세드럴에서 아라랏산 조망

9일 게하르드(예수님을 찌른 창) 수도원(날씨에 따라서), 기독교 용도로 바뀌었던 가르니 신전, 주상절리 투어, 아르메니아 국립박물관, 기념품 구입

10일 스키의 명소, 아라갓산에서 역사적 에덴동산을 아우르는 아라랏산 조망(날씨에 따라서), 대학살 공원, 마테나다란 고문서 보관소

11일 조지아 입국 및 트빌리시 구시가 투어, 기념품 구입

12일 역사적 에덴동산을 품은 아라랏산의 영감, 구속사의 큰 흐름 가운데 우뚝 서 있는 코카서스산맥의 감동을 품고 현재와 미래의 사역지로 출발

아르메니아 조지아 성지순례 핸드북

© 최은수, 2023

초판 1쇄 발행 2023년 9월 5일

지은이   최은수
펴낸이   이기봉
편집   좋은땅 편집팀
펴낸곳   도서출판 좋은땅
주소   서울특별시 마포구 양화로12길 26 지월드빌딩 (서교동 395-7)
전화   02)374-8616~7
팩스   02)374-8614
이메일   gworldbook@naver.com
홈페이지   www.g-world.co.kr

ISBN   979-11-388-2252-7 (03230)